Die besten Snacks

CROSTINI, TAPAS & CO.

Die besten Snacks

CROSTINI, TAPAS & CO.

tosa

Inhalt

Vorbereiten und Servieren 6

Viel Wissenswertes über passende Küchengeräte, praktische Tipps für den Einkauf und Informationen zu den wichtigsten Produkten.

Kalte Köstlichkeiten 12

Vom kleinen Canapé über zartes Blätterteiggebäck bis hin zu japanischen Sushi ist für jeden Anlass das Richtige dabei.

Warme Leckerbissen 62

Deftiges mit Fisch, Fleisch, Tofu, Käse und Gemüse aus aller Herren Länder in mundgerechten Portionen serviert.

Süße Kleinigkeiten 132

Kaum einer wird widerstehen können bei der Auswahl an fruchtigen Törtchen, sahnigen Schnitten oder kleinem Gebäck.

Register 158

Alle Rezepte von A bis Z samt Hinweisen auf hilfreiche und interessante Stichworte.

Das wichtigste Zubehör für die Zubereitung von Fingerfood: Mini-Muffinform (1), Sushimatte (2), Souffléformen (3), Quicheformen (4), Ausstechformen (5), Kugelausstecher (6), Zestenreißer (7) sowie Metall- und Holzspießchen (8), um Käsewürfel, Gemüsestücke oder Fleischbällchen zu kombinieren oder auf einem Untergrund zu fixieren.
Unverzichtbar sind auch kleine Backförmchen für Torteletts, Petits-fours und Brioches (9). Gebackene Unterlagen lassen sich entweder fertig kaufen und belegen, wie etwa Cracker (10) oder Minizwieback (11), oder aber im voraus herstellen und – tiefgekühlt – aufbewahren – so etwa die Filoteigschälchen (12), Mürbteig-Minitorteletts (13) oder auch die Minipastetenförmchen aus Blätterteig (14).

Die Garnitur ist das A und O, denn das Auge isst mit. Dies gilt für Fingerfood ganz besonders, sollen die leckeren Häppchen doch auch optisch eine gute Figur machen. Für eine wirkungsvolle Garnitur braucht es häufig nicht viel: Oft reichen schon ein Zweiglein glatte Petersilie, in lange Stücke geschnittene Schnittlauchhalme oder ein paar Oliven, Kapernfrüchte und Cocktailtomaten, um Farbtupfer auf Schnittchen und Canapés zu zaubern. Und ein Löffelchen Kaviar oder ein halbiertes Wachtelei bringt noch das gewisse Etwas.

Das Zusammenspiel von Qualität und Fantasie sind entscheidend.

Fingerfood vorbereiten & servieren

Fingerfood liegt voll im Trend: Die kleinen Leckereien, die man einfach so aus der Hand isst, dürfen bei keinem Empfang, bei keiner Vernissage fehlen. Aber auch zu Hause sind sie der Renner auf jeder Party, zumal sie, optisch attraktiv garniert und arrangiert, schon beim Hinsehen Appetit machen. Genau überlegen sollte man sich allerdings, was man seinen Gästen servieren will: Weniger problematisch ist die Vorbereitung kalter Köstlichkeiten, diese müssen vor dem Servieren zuweilen nur noch entsprechend gekühlt werden. Anders sieht's dagegen aus, wenn man warme Leckerbissen – frisch aus Topf, Ofen oder vom Grill – reichen will. Denn diese sollten dann auch wirklich warm serviert werden, was ein gewisses Maß an Planung und entweder schnelles Servieren oder ausreichende Warmhaltemöglichkeiten erfordert. Die süßen Kleinigkeiten sind in dieser Hinsicht wiederum weniger schwierig, da sie sich in aller Regel gut einige Stunden im Voraus herstellen lassen. Zum Servieren von Fingerfood gibt es mehrere Möglichkeiten: Man richtet die Häppchen entweder auf einem Buffet – und dann auf Platten oder Tellern – an, oder aber man macht immer wieder mit schön arrangierten Tabletts die Runde.

Zutaten

Was die Zutaten für die kleinen Köstlichkeiten anbelangt – so gilt auch hier: Qualität und Frische sind oberstes Gebot! Gerade bei Meeresfrüchten dürfen keinerlei Kompromisse eingegangen werden. Ist ein erforderliches Produkt nicht in der gewünschten Qualität erhältlich, so ersetzt man es am Besten durch ein anderes, hier sind Kreativität und Fantasie gefragt! Manchmal kann jedoch auch tiefgekühlte Ware eine Lösung sein.

Formen

Damit die kleinen Leckerbissen wirklich mit den Fingern verzehrt werden können, sollten sie die richtige Größe haben. Mundgerechte Häppchen kann man durch Zerteilen größerer Einheiten erhalten; besonders attraktiv sind jedoch delikate Überraschungen, die gleich in Portionsgröße zubereitet werden, also etwa kleine gefüllte Torteletts oder Schälchen. Hat man hierfür einmal die entsprechenden Formen – die wichtigsten sind links abgebildet –, so ist dies kein Problem. Wem das Selberbacken zu aufwändig erscheint – obwohl manches, etwa die attraktiven Filoteigschälchen, wirklich ganz leicht ist –, der kann auf im Handel erhältliche »Unterlagen« wie Cracker, Mini-Zwieback oder Pumpernickeltaler ausweichen.

Milder Käse auf Spießchen gesteckt und mit schwarzen oder grünen Oliven auf zweierlei Arten kombiniert: mal mit gebratener Leber und frischem Salbei, mal mit Cocktailtomaten und aromatischem Basilikum.

Vielseitig anzurichten, gut vorzubereiten und immer gern gegessen.

Käsewürfel & Co.

Häppchen mit Schinken, Wurst oder Käse sind für Fingerfood ideal, lassen sie sich doch einfach und schnell vorbereiten. Dennoch gibt es auch bei diesen »einfachen« Produkten einiges zu beachten. Für eine Käseplatte rechnet man etwa 100 g Käse pro Portion und es sollte für jeden Geschmack etwas dabei sein, also milde und würzige Käsesorten mit unterschiedlichem Fettgehalt, Hart- und Weichkäse, Ziegen- und Blauschimmelkäse. Aufgeschnitten – in Scheiben oder Würfeln – trocknet Käse rasch aus und wird daher bis zum Servieren mit Folie bedeckt. Auch Wurst kann man in Würfel oder Scheiben schneiden; Schinken dagegen – ob geräuchert, gekocht oder getrocknet – wird in aller Regel in dünne Scheiben aufgeschnitten präsentiert und, wie Wurst auch, kühl und unter Folie aufbewahrt.

Käsespießchen

Für insgesamt 8 Spieße
Für die Käse-Leber-Spießchen:
200 g Geflügelleber, 30 g Butter, 1 Salbeiblatt
Salz, frisch gemahlener Pfeffer
1 rote Paprikaschote
200 g Edamer- oder Butterkäse
16 schwarze Oliven, entsteint
2 in Streifen geschnittene Salbeiblätter
Für die Käse-Tomaten-Spießchen:
200 g Edamer oder Butterkäse
8 Cocktailtomaten
16 mit Paprika gefüllte grüne Oliven
16 kleine Basilikumblätter
grob gemahlener schwarzer Pfeffer
Außerdem:
8 Holzspieße von etwa 18 cm Länge

Für die Leberspieße die Leber von allen Häutchen und Adern befreien, kurz kalt waschen, trockentupfen und in mundgerechte Stücke schneiden. Die Butter zerlassen und die Leberstücke darin unter mehrmaligem Wenden kurz braten. Das Salbeiblatt in Streifen schneiden und zufügen. Die Leber salzen und pfeffern. Die Leberstücke abkühlen lassen.

Die Paprikaschote waschen, eventuell schälen. Stielansatz, Samen und Scheidewände entfernen und das Fruchtfleisch in mundgerechte Stücke schneiden. Den Käse würfeln. Leber, Käse, Paprika und Oliven abwechselnd auf 4 Spieße stecken und mit den Salbeistreifen bestreuen.

Für die Tomatenspießchen den Käse würfeln. Die Tomaten waschen. Oliven, Käse, Basilikumblätter und Cocktailtomaten abwechselnd auf 4 weitere Spieße stecken, alles mit grobem Pfeffer bestreuen.

Die Vielfalt der Käse-, Wurst- und Schinkensorten sowie die große Auswahl an Zutaten für die Garnitur lassen jede Menge Spielraum für die Gestaltung der kleinen Leckerbissen.

Klassisches Fingerfood: würzige Chips und Nüsse – sie dürfen auf keiner Party fehlen – hier einmal selbstgemacht.

Knusprig & knackig

Wer seinen Gästen mal was anderes als die üblichen, fertig gekauften Nüsse und Chips aus der Tüte servieren will, findet hier eine Menge Anregungen. Fingerfood dieser Art lässt sich ganz leicht selbst herstellen. Ein Tipp: Ganz prima schmecken auch Garnelenchips aus dem Asienladen (Kroepek), die man lediglich noch in heißem Pflanzenöl frittieren muss.

Gemüsechips

1 kg gemischtes Gemüse (etwa Zucchini, Süßkartoffeln, Topinambur, Kartoffeln, Schwarzwurzeln), etwa 80 g Mehl
1 l Erdnussöl zum Ausbacken
Gewürze nach Belieben (grobes oder feines Meersalz, Currypulver, edelsüßes Paprikapulver, Pfeffer, Cayennepfeffer, Chilipulver)

Das Gemüse waschen, putzen oder schälen und in etwa 2 mm dünne Scheiben schneiden. In Mehl wenden, überschüssiges Mehl abschütteln. Das Öl in einem Topf oder in der Fritteuse auf 180 °C erhitzen und die Gemüsescheiben darin portionsweise knusprig frittieren, das dauert jeweils etwa 2 Minuten. Herausheben und die Gemüsechips auf Küchenpapier abtropfen lassen. Nach Belieben würzen.

Salzmandeln

4 EL Olivenöl, 20 g Butter
200 g gehäutete Mandeln
1/4 TL Chilipulver, grobes Meersalz

Öl und Butter erhitzen und die Mandeln darin goldgelb rösten. Chilipulver und Salz mischen, die Mandeln damit würzen und abkühlen lassen.

Knusprige süß-scharfe Cashewkerne

1 EL Sonnenblumenöl, 250 g Cashewkerne
3 gestrichene EL Zucker, 1 TL Salz
1 1/2 TL Chilipulver

Öl erhitzen und die Cashewkerne darin unter Rühren rösten. Mit Zucker und Salz bestreuen und 5 Minuten unter Rühren braten, bis der Zucker zu schmelzen beginnt und leicht bräunt. Vom Herd nehmen und weiterrühren, bis die Cashewkerne leicht abgekühlt sind. Mit Chilipulver würzen, abkühlen lassen.

Pikante Nüsse

100 g Haselnusskerne, geschält
100 g Walnusskerne, geschält
25 g Butter, 50 g brauner Zucker
1 kleine, getrocknete Chilischote ohne Stiel
1 TL gemahlener Kreuzkümmel
je 1 Prise Zimt, Nelken und Kardamom, Salz

In einer Pfanne die Butter zerlassen und den Zucker darin schmelzen. Die Chilischote im Mörser fein zerstoßen. Chili sowie die anderen Gewürze in die Butter rühren. Die Nüsse zufügen, alles gut vermischen. Auf ein mit Backpapier ausgelegtes Blech legen und die gewürzten Nüsse abkühlen lassen.

Garnelenchips — Zucchinichips — Süßkartoffelchips — Topinamburchips

Cashewkerne, Mandeln, Macadamia, Haselnüsse und Walnüsse lassen sich aufgrund ihres geringen Wasseranteils hervorragend rösten, und mit ihrem eher zurückhaltenden Eigengeschmack bieten sie sich für pikante oder süß-scharfe Würzungen geradezu an. Vor dem Rösten sollten allerdings manche Arten von der bitteren braunen Innenhaut befreit werden – so etwa Mandeln, Hasel- oder Walnüsse. Hierfür überbrüht man entweder die Nüsse mit kochendem Wasser und lässt sie kurz ziehen (Mandeln, Walnüsse), dann kann die Haut leicht entfernt werden. Oder man röstet sie bei 200 °C im vorgeheizten Ofen (Haselnüsse), lässt sie etwas abkühlen und rubbelt die Haut zwischen Geschirrtüchern ab.

Kartoffelchips

Schwarzwurzelchips

Rote-Bete-Chips

Kalte Köstlichkeiten

Wer zwischendurch mal Lust auf eine leckere Kleinigkeit hat, seinen Gästen abends zum Wein oder zum Bier etwas anbieten möchte oder auch ein Buffet bestücken will, der findet hier kleine, feine Gerichte aus aller Welt – von klassisch europäisch über mediterran bis hin zu asiatisch inspiriert. Und für die meisten dieser köstlichen Rezepte ist nicht einmal langes Suchen beim Einkaufen nötig. Ausgefallene Zutaten braucht man selten – diverse Brotsorten, Käse, Fisch oder Aufschnitt

und vielleicht noch frische Kräuter sind die Grundlage für viele der delikaten und auch fürs Auge attraktiven Snacks in diesem Kapitel.

Pikantes Kleingebäck passt zu fast allen geselligen und gemütlichen Gelegenheiten.

Würzige Stangerln

Je kleiner das Gebäck, umso besser muss man es beim Backen im Auge behalten. Die dünnen Kümmelstangen dürfen nicht zu braun werden, da sie sonst leicht einen etwas bitteren Geschmack bekommen, sollten aber dennoch schön knusprig sein. Sie schmecken nicht nur – kalt oder lauwarm – zu Bier oder Wein, Bierstangen können auch als kleiner »Brotersatz« auf einem kalten Buffet auftauchen oder zu einem Dip oder einer Frischkäsecreme gereicht werden. Als Fingerfood Karriere gemacht haben auch die dünnen Grissini, umwickelt mit feinem luftgetrockneten Parma- oder San- Daniele-Schinken.

Bierstangen

Selbstgebacken und mit Salz und Kümmel bestreut, schmecken die dünnen Bierstangen einfach köstlich. Warum also nicht seine Gäste damit überraschen, zumal die Herstellung überhaupt nicht schwer ist.

Für 20 Stück
320 g Mehl, 20 g frische Hefe
1/8 l lauwarme Milch
120 g weiche Butter
1/2 TL Salz, frisch gemahlener Pfeffer
frisch geriebene Muskatnuss
Außerdem:
1 Eigelb, mit etwas Milch verrührt
grobes Salz, Kümmel

Für den Teig das Mehl in eine Schüssel sieben und in die Mitte eine Mulde drücken. Die Hefe hineinbröckeln und mit der Milch auflösen. Den Vorteig mit etwas Mehl bestauben und mit einem Tuch bedeckt 15 Minuten gehen lassen.

Die Butter in Stücken, Salz, Pfeffer und Muskatnuss zugeben und alles zu einem glatten Teig verkneten. Zugedeckt etwa 30 Minuten gehen lassen, bis der Teig das Doppelte an Volumen erreicht hat. Erneut durchkneten und den Teig in 20 Stücke von je 30 g teilen, zu Kugeln formen und diese zu Stangen von etwa 30 cm Länge rollen.

Die Teigrollen auf ein Blech legen und nochmals gehen lassen. Mit Eigelb bestreichen und mit Salz und Kümmel bestreuen. Bei 220 °C im vorgeheizten Ofen nach Sicht etwa 10 Minuten backen.

Grissini mit Schinken

Grissini pur sind in Italien von kaum einem Tisch wegzudenken, an dem Wein getrunken und ein schönes Essen genossen wird – sie gehören dort einfach mit dazu. Zum Party-Snack wird diese Knabberei, wenn sie mit edlem, luftgetrocknetem Schinken umwickelt wird, dessen Geschmack fabelhaft zu dem knusprigen Gebäck passt.

Für 20 Stück
40 g schöne Rucolablätter
20 italienische Knabberstangen (Grissini)
20 sehr dünn geschnittene Scheiben luftgetrockneter Schinken (Parma, San Daniele)

Die Rucolablätter waschen, trockentupfen und die harten Stiele entfernen. Die Knabberstangen im unteren Drittel mit je 2 Rucolablättern belegen und mit einer Schinkenscheibe umwickeln. Auf einer Platte anrichten.

»Ars vivendi«, die Kunst zu leben – diese Haltung drückt sich in den mediterranen Ländern auch in der Esskultur aus.

Antipasti

In Italien gehören sie an den Anfang eines ausgedehnten Menüs oder zum Aperitif – sie sind aber auch an der Theke vieler Lokale zu finden: Antipasti. Hierfür werden Gemüse, Pilze oder Meeresfrüchte – gekocht, gegrillt oder auch roh – in feines Olivenöl eingelegt und mit aromatischen Kräutern gewürzt. In vielen italienischen Delikatess-Geschäften kann man sie bereits fertig kaufen – rechts eine kleine Auswahl. Ganz leicht selbst herzustellen sind hingegen die beiden Sorten einglegte Oliven.

Grüne eingelegte Oliven

50 g Silberzwiebeln
300 g große grüne Oliven
2 Knoblauchzehen
50 g getrocknete Tomaten, in Öl eingelegt
1 EL gehackte Kräuter (Thymian, Petersilie, Salbei, Rosmarin)
2 EL Zitronensaft
5 EL Weißwein
3 EL Olivenöl
Salz, frisch gemahlener Pfeffer

Zwiebeln schälen und längs halbieren. Knoblauch schälen und vierteln. Tomaten abtropfen lassen und in 1 cm große Stücke schneiden. Öl erhitzen und Zwiebeln und Knoblauch darin anschwitzen. Oliven und Tomaten zugeben. Alles bei schwacher Hitze unter Rühren braten. Die restlichen Zutaten untermischen und so lange weitergaren, bis die Flüssigkeit zur Hälfte reduziert ist. Abkühlen lassen.

Schwarze eingelegte Oliven

400 g Kalamata-Oliven
3 Knoblauchzehen, 1 rote Chilischote
3 Zweige Oregano, 30 g Frühlingszwiebeln
3 EL Olivenöl, 6 EL Weißwein
Saft von 1/2 Limette
1/2 Limette, in dünne Scheiben geschnitten
grob gemahlener Pfeffer, grobes Meersalz

Oliven kurz unter warmem Wasser abbrausen und trockentupfen. Knoblauch schälen und in feine Scheiben schneiden. Chilischote längs halbieren und die Samen entfernen. Oreganoblättchen abzupfen. Frühlingszwiebeln putzen und in 3 cm lange Stücke schneiden. Öl erhitzen und Knoblauch und Frühlingszwiebeln darin hell anschwitzen. Oliven und Chili zufügen und kurz mitschwitzen. Wein, Oregano, Limettensaft und -scheiben zufügen und pfeffern. Weitergaren, bis die Flüssigkeit zur Hälfte verdampft ist. Die Oliven mit Salz bestreuen und abkühlen lassen.

Eingelegte Leckerbissen: Gegrillte Zucchinischeiben mit Kräutern und Knoblauch; in Weinessig eingelegte Peperoni; gegrillte Auberginen; gekochte und gegrillte Artischocken; Zwiebeln in Aceto balsamico; kleine gegrillte Zwiebelchen in Weinessig; gegrillte Champignons in Olivenöl; junge, in Essig gekochte Steinpilze; gekochte Garnelen mit viel Petersilie; gekochte und marinierte Mini-Sepien; Moscardini in Olivenöl mit Knoblauch; ausgelöste Miesmuscheln mit einer Prise Paprikapulver.

Die pikante Roquefortnote und geriebene Muskatnuss ergänzen sich bei diesen Hefeteigplätzchen bestens.

Zweierlei knuspriges und pikantes Gebäck mit Käse, das sich schnell und ganz und gar unproblematisch zubereiten lässt.

Käsestangen & Roquefortplätzchen

Käsestangen

600 g tiefgekühlter Blätterteig
200 g Hartkäse (Emmentaler oder Bergkäse)
frisch gemahlener Pfeffer
Außerdem:
4 Eigelbe, Kümmel

Die Blätterteigscheiben auf eine Arbeitsfläche legen und kurz auftauen lassen. Den Käse fein reiben. Die Eigelbe mit wenig kaltem Wasser verquirlen. Ein Blech mit Wasser benetzen.

Den Blätterteig dünn ausrollen und jede Teigplatte mit dem verquirltem Eigelb bestreichen. Die Hälfte der Teigplatten mit Käse bestreuen und pfeffern. Die anderen Teigplatten auflegen.

Mit einem Nudelholz über die gefüllten Teigplatten rollen, um alles gut zu verbinden. Den Teig mit einem Teigrädchen entlang eines Lineals in 1 cm breite Streifen schneiden. Jeden Streifen mit beiden Händen anfassen, vorsichtig mehrmals in sich drehen und auf das Blech legen.

Die Käsestangen mit dem restlichen Eigelb bestreichen und mit Kümmel bestreuen. Bei 220 °C im vorgeheizten Ofen in 10 Minuten goldbraun backen.

Die Käsestangen kann man statt mit Kümmel auch mit Mohn oder geschälten Sesamsamen bestreuen.

Roquefortplätzchen

Für den Hefeteig:
150 g Mehl Type 550
7 g frische Hefe
60 ml lauwarme Milch
1 Prise Salz
1 Eigelb
25 g Butter
Für die Füllung:
300 g Roquefort
60 ml Sahne
3 Eier
100 ml Milch
frisch geriebene Muskatnuss
frisch gemahlener Pfeffer
Salz
Außerdem:
Butter und Mehl für das Blech

Für den Teig das Mehl in eine Schüssel sieben und in die Mitte eine Mulde drücken. Die Hefe hineinbröckeln, mit der Milch auflösen und dabei etwas Mehl vom Rand untermischen. Den Ansatz mit Mehl bestauben. Die Schüssel mit einem Tuch bedecken und an einen warmen, zugfreien Ort stellen. Den Teig gehen lassen, bis die Oberfläche Risse zeigt.

Salz, Eigelb und Butter zum Vorteig geben und alles zu einem glatten Teig verkneten. Erneut gehen lassen, bis sich sein Volumen verdoppelt hat.

Für die Füllung den Roquefort mit einer Gabel fein zerdrücken und mit der Sahne cremig verrühren. Die Eier mit der Milch verquirlen, zum Käse geben und alles gut vermengen. Mit Muskatnuss, Pfeffer und wenig Salz würzen.

Den Teig erneut durchkneten, zu einem Rechteck ausrollen und noch etwas gehen lassen. Die Füllung auf den Teig streichen und die Teigplatte von der langen Seite her aufrollen. Ein Blech fetten und mit Mehl bestauben. Die Teigrolle in Scheiben schneiden und diese auf das Blech legen.

Die Roquefortplätzchen bei 180 °C im vorgeheizten Ofen etwa 20 Minuten backen.

Knusprig-zartes Gebäck aus luftigem Blätterteig mit zwei verschiedenen Füllungen.

Pikante Schweinsöhrchen

Die Basis für diese würzigen Gebäckstücke ist Blätterteig, der in Frankreich auch »Mille feuilles«, also »tausend Blätter« genannt wird. Diese entstehen dadurch, dass Butter oder ein anderes wasserhaltiges Fett schichtweise in den Mehlteig eingearbeitet wird. Beim Backen schmilzt das Fett – und das Wasser, das in ihm gespeichert war, verdampft und hebt so die einzelnen dünnen Teigschichten voneinander ab. Die Zubereitung von echtem Blätterteig ist recht aufwändig, aber man kann ohne Bedenken auf tiefgefrorene Ware zurückgreifen, die in der Regel von guter Qualität ist.

Käseschweinsöhrchen

Für 36 Stück

4 Scheiben tiefgekühlter Blätterteig (300 g)
1 Eigelb, verquirlt
1 EL edelsüßes Paprikapulver
80 g frisch geriebener Emmentaler
Außerdem:
Backpapier für das Blech

Die Blätterteigplatten nebeneinander auf eine gut bemehlte Arbeitsfläche legen, etwa 20 Minuten antauen lassen und etwas ausrollen.

Die Oberflächen der Teigplatten mit dem verquirlten Eigelb bepinseln, gleichmäßig mit Paprikapulver würzen und mit dem geriebenen Käse bestreuen.

Die Teigplatten von der schmalen Seite her zweimal zur Mitte hin einschlagen und zusammenklappen.

Die geformten Doppelrollen in 5 mm dicke Streifen schneiden, diese auf ein Backblech legen und zu »Öhrchen« formen. Diese im Kühlschrank 20 bis 25 Minuten ruhen lassen.

Die Schweinsöhrchen bei 220 °C im vorgeheizten Backofen 10 Minuten backen, dabei nach 5 Minuten wenden. Vom Blech nehmen und die Käseschweinsöhrchen auf einem Gitter auskühlen lassen.

Die Blätterteigscheiben mit dem verquirlten Eigelb gleichmäßig bestreichen; am besten geht das mit einem Backpinsel.

Die Teigscheiben mit Pfeffer bestreuen. Salamiwürfel, Olivenstücke und Mandeln darauf verteilen und leicht andrücken.

Die Teigplatten von den schmalen Seiten aus jeweils bis zur Mitte hin aufrollen. Die Nahtstelle mit Eigelb bestreichen.

Die zu Doppelschnecken aufgerollten Teigblätter mit einem scharfen Messer in knapp 1 cm dicke Scheiben schneiden.

Schweinsöhrchen mit Salami

Für 48 Stück

6 Scheiben tiefgekühlter Blätterteig (450 g)
1 Eigelb, 3 EL Milch, 600 g Salami
40 g grüne Oliven
40 g gehackte Mandeln
frisch gemahlener schwarzer Pfeffer
Außerdem:
Backpapier für das Blech

Die Blätterteigscheiben nebeneinander auf eine Arbeitsfläche legen und kurz antauen lassen. Salami klein würfeln, die Oliven fein hacken. Das Eigelb mit der Milch verquirlen und weiterverfahren, wie in der Bildfolge oben gezeigt. Ein Blech mit Backpapier auslegen und die Schweinsöhrchen nicht zu dicht nebeneinander darauf legen. Bei 225 °C im vorgeheizten Ofen in etwa 20 Minuten goldbraun backen. Herausnehmen und warm oder kalt servieren.

Luftig und leicht kommen die kleinen Krapfen aus dem Ofen, essen kann man sie – ganz nach Belieben – kalt oder warm.

Salami-Käsekrapfen

Gruyère oder Greyerzer ist eine der bekanntesten Hartkäsesorten der Schweiz. Es gibt ihn, je nach Region, in mehreren Varianten, alle aber werden aus Rohmilch, also nicht pasteurisierter Milch, hergestellt und enthalten meist mehr als 50 % Fett in Trockenmasse. Dank seiner langen Reifezeit hat Gruyère ein intensives, kräftiges Aroma und ist in der Schweiz der meistverzehrte Hartkäse. Kein Wunder, denn zum Reiben, Gratinieren, für Saucen und Fondues, aber auch für Gebäck ist er hervorragend geeignet. Wer die Krapfen jedoch nicht ganz so pikant möchte, kann statt Gruyère auch den milderen Emmentaler verwenden und die Salami durch gekochten Schinken ersetzen.

Für 50 bis 60 Stück
250 g Mehl
125 g Butter
275 ml Wasser
1 Prise Salz
7 bis 8 Eier
175 g frisch geriebener Gruyère
150 g Salami
Außerdem:
Fett für das Blech

Das Mehl in eine Schüssel sieben. Butter mit Wasser und Salz in einem Topf unter ständigen Rühren aufkochen. Das Mehl auf einmal in die kochende Flüssigkeit schütten und dabei ununterbrochen kräftig weiterrühren. So lange, bis sich die Masse als Kloß vom Topfboden löst (abbrennt). Die Masse in eine Schüssel umfüllen und etwas abkühlen lassen.

Erst nur 1 Ei unterrühren, bis dieses sich völlig mit der abgekühlten Masse verbunden hat. Die restlichen Eier nacheinander einarbeiten, dabei darauf achten, dass jedes gut untergerührt ist, bevor das Nächste folgt. Es soll ein glänzender und geschmeidiger Teig entstehen, der weich vom Löffel fällt.

Den Käse sowie die Salami in 3 mm große Würfel schneiden. Beides unter die Brandteigmasse mischen. Ein Blech fetten. Mit einem Löffel Teighäufchen abstechen und in ausreichendem Abstand auf das Blech setzen.

Die Krapfen bei 220 °C im vorgeheizten Ofen 20 bis 25 Minuten backen. Während der Backzeit die Ofentür nicht öffnen, damit das Gebäck nicht zusammenfällt. Die Krapfen frisch servieren.

Lockerer Brandteig ist die Grundlage für diese pikanten Krapfen, zu denen ein kühles Bier ebenso gut schmeckt wie kräftiger Rotwein.

Pikantes Gebäck, das gut zu einem hellen Bier passt: tennisballgroße Hefeküchlein, bestreut mit Kümmel und verfeinert mit frischer Butter.

Gefüllt mit einem Butterflöckchen, das für den feinen Geschmack sorgt.

Kleine Kümmelkuchen

Die Teigkugeln auf dem Blech etwas flachdrücken und mit einem runden Löffelstiel jeweils 1 Vertiefung eindrehen.

Die Teigstücke mit dem mit Milch verquirlten Eigelb bestreichen, dabei jedoch die Vertiefungen aussparen.

Jeweils 1 Butterflöckchen in die Vertiefungen setzen. Je nach Geschmackswunsch mit entsprechend viel Kümmel bestreuen.

Wer mag, kann diese leckeren, außen knusprigen, innen schön weichen kleinen Kuchen natürlich auch statt mit Kümmel beispielsweise mit Mohn, mit Sesam oder auch mit grobem Salz bestreuen. Wie auch immer, wichtig für den Geschmack ist auf jeden Fall das Butterstückchen in der Mitte. Am besten serviert man die kleinen Kuchen ganz frisch, wenn sie gerade eben abgekühlt sind – dann kommt das köstliche Butteraroma am besten zum Tragen. Zum Einfrieren sind die Kümmelkuchen übrigens weniger gut geeignet.

Für 24 Stück
Für den Teig:
750 g Mehl
1 Würfel frische Hefe (42 g)
1 TL Zucker
1/8 l lauwarme Milch
1/4 l lauwarmes Wasser
1 1/2 TL Salz
2 Eier

Außerdem:
Fett für das Backblech
1 Eigelb, mit 2 EL Milch verquirlt
120 g Butter, in Flöckchen
ungemahlene Kümmelsamen zum Bestreuen

Das Mehl in eine große Schüssel sieben und in die Mitte eine Mulde drücken. Die Hefe hineinbröckeln und den Zucker zugeben. Die Milch mit dem Wasser vermischen und etwa 6 Esslöffel davon in die Mulde gießen.

Alle Zutaten in der Mulde miteinander verrühren, dabei etwas Mehl vom Rand mit untermischen. Den Ansatz mit Mehl bestauben, die Schüssel mit einem sauberen Tuch bedecken und an einen warmen Ort stellen. Den Vorteig etwa 15 Minuten gehen lassen, bis sich an der Oberfläche starke Risse zeigen.

Das Salz, die restliche Flüssigkeit sowie die Eier zum Vorteig geben und alles zunächst mit einem Rührlöffel verrühren. Mit den Händen kneten, bis ein geschmeidiger Teig entstanden ist. Diesen zu einer Kugel formen und erneut zugedeckt gehen lassen, bis sich das Teigvolumen verdoppelt hat – das dauert etwa 30 Minuten. Den Teig kurz durchkneten und daraus 24 Kugeln von je etwa 50 g formen.

Ein Backblech fetten. Die Teigkugeln darauflegen und weiterverfahren, wie in der Bildfolge links gezeigt. Die vorbereiteten Teigkuchen erneut 5 bis 20 Minuten gehen lassen. Die Kümmelkuchen bei 200 °C im vorgeheizten Ofen backen, bis sie eine goldgelbe Oberfläche haben; das dauert etwa 20 Minuten.

Zartes Gebäck mit cremigen, fein gewürzten Füllungen lässt sich erstaunlich schnell zubereiten.

Blätterteig mit Käse gefüllt

Minipasteten

Mit Käse, Schinken und Salami:

50 g Emmentaler
50 g gekochter Schinken, 50 g Salami
1 Eigelb, 1/2 TL Senf
Salz, frisch gemahlener Pfeffer
1 Prise Cayennepfeffer
1 Spritzer Zitronensaft
150 ml Sonnenblumenöl

Außerdem:

12 Minipasteten in Würfelform von je 5 g
24 Schnittlauchspitzen

Käse, Schinken und Salami in sehr kleine Würfelchen schneiden und alles miteinander vermischen. Das Eigelb mit Senf, Salz, Pfeffer, Cayennepfeffer und dem Zitronensaft cremig rühren. Zunächst ein Drittel des Öls tropfenweise unterrühren, dann das restliche Öl in einem dünnem Strahl einrühren. Käse, Schinken und Salami mit der Mayonnaise mischen.

Die Füllung in die Pastetchen verteilen, jeweils mit 2 Schnittlauchspitzen garnieren und die Pastetchen auf Platten anrichten.

Mit Käse, Gemüse und Schinken:

20 g Möhre
20 g rote Zwiebel
20 g rote Paprikaschote
20 g grüne Paprikaschote
50 g Emmentaler
30 g gekochter Schinken
2 EL Crème fraîche
1 EL Doppelrahm-Frischkäse, 1 EL Sahne
1 TL gehackte Petersilie, Salz, weißer Pfeffer

Außerdem:
12 Minipasteten in Herzform von je 5 g
6 schwarze Oliven, in Stücke geschnitten

Das Gemüse putzen beziehungsweise schälen, ebenso wie Käse und Schinken sehr klein würfeln. Crème fraîche, Frischkäse, Sahne und Petersilie verrühren und mit Salz und Pfeffer würzen. Gemüse-, Käse- und Schinkenwürfel mit der Creme mischen, in die Pasteten füllen und mit Oliven garnieren.

Mit Käse und Gemüse:
30 g Möhre, 20 g rote Zwiebel
je 30 g rote und grüne Paprikaschote
50 g Emmentaler, 1 EL Doppelrahm-Frischkäse
3 EL Sahne, 1/2 TL Currypulver
Salz, frisch gemahlener Pfeffer
Außerdem:
12 runde Minipasteten von je 5 g
Currypulver

Das Gemüse schälen beziehungsweise putzen und ebenso wie den Käse in sehr kleine Würfel schneiden. Frischkäse und Sahne verrühren und die Creme würzen. Mit Gemüse und Käse mischen und in die Pasteten füllen. Mit etwas Currypulver bestreuen.

Feuilletés

Für 20 Stück
400 g tiefgekühlter Blätterteig
1 bis 2 Eigelbe, mit etwas Wasser verquirlt

Den aufgetauten Blätterteig in 8 x 5 cm große Rechtecke von schneiden. Ein Blech mit kaltem Wasser abspülen. Die Teigstücke darauflegen, mit verquirltem Eigelb bestreichen und 20 Minuten kühl ruhen lassen. Bei 220 °C im vorgeheizten Ofen 10 bis 15 Minuten backen. Auskühlen lassen, quer halbieren, die unteren Hälften jeweils etwas aushöhlen.

Mit Frischkäsecreme:
200 g Doppelrahm-Frischkäse
1 bis 2 EL Milch
Salz, frisch gemahlener Pfeffer
Keta-Kaviar
Würfelchen von roter Paprikaschote

Frischkäse und Milch verrühren, würzen und in einen Spritzbeutel mit Sterntülle füllen. Auf die unteren Hälften von 5 Feuilletés spritzen, mit Kaviar oder Paprikawürfeln belegen und die oberen Hälften aufsetzen.

Mit Lebercreme:
150 g Kalbsleberwurst, 50 g weiche Butter
Salz, frisch gemahlener Pfeffer, Cornichons

Luftig-leichte Feuilletés aus Blätterteig lassen sich ganz nach Lust und Laune füllen – die hier vorgeschlagenen Cremes können selbstverständlich nach Wunsch variiert werden.

Leberwurst und Butter verrühren, würzen und in einen Spritzbeutel mit Sterntülle füllen. Auf die unteren Hälften von 5 Feuilletés spritzen, mit Cornichons belegen und die oberen Hälften daraufsetzen.

Mit Roquefortcreme:
100 g Roquefort, 50 g weiche Butter
1 bis 2 EL Sahne
Außerdem:
etwas Doppelrahm-Frischkäse, mit Milch verrührt
kleine eingelegte rote Pfefferschoten (Piri-Piri)

Den Roquefort durch ein Sieb streichen, mit Butter und Sahne verrühren. In einen Spritzbeutel mit Sterntülle füllen. Auf die unteren Hälften von 5 Feuilletés spritzen. Die oberen Hälften aufsetzen, mit je einem Tupfer Frischkäsecreme und Piri-Piri garnieren.

Mit Meerrettichsahne:
1/8 l Sahne, Salz
1 bis 2 EL frisch geriebener Meerrettich
Räucherlachs, Dillspitzen

Die Sahne mit etwas Salz steif schlagen, den Meerrettich vorsichtig unterrühren. In einen Spritzbeutel mit Sterntülle füllen und die Sahne auf die unteren Hälften von 5 Feuilletés füllen. Kleine Räucherlachsstücke und auf die Sahne legen, mit Dill garnieren. Die oberen Hälften der Feuilletés daraufsetzen.

Einfach und schnell gemacht, dabei ausgesprochen vielseitig und lecker.

Cracker

Cracker mit Champignoncreme

Für 25 Stück

150 g ganze Champignons aus der Dose
1 Knoblauchzehe
150 g Mayonnaise
1 EL fein gehackte Petersilie
frisch gemahlener weißer Pfeffer
25 rechteckige Cracker
Außerdem:
krause Petersilie zum Garnieren

Knoblauch und Petersilie sorgen bei der Champignoncreme für Geschmack. Wer variieren möchte, kann sie statt mit Mayonnaise mit Doppelrahm-Frischkäse zubereiten.

Die Champignons abtropfen lassen und bis auf einige Pilze in sehr kleine Würfel schneiden. Den Knoblauch schälen und fein hacken. Die Mayonnaise, fein gehackte Petersilie und den Knoblauch miteinander verrühren und mit Pfeffer würzen. Die Pilzwürfel unterheben.

Die Champignoncreme auf die Cracker streichen. Die restlichen Pilze in Scheiben schneiden und auf der Creme arrangieren. Mit Petersilie garnieren.

Bunte Crackermischung

Für eine solche Partymischung gilt: Erlaubt ist, was schmeckt. Und so kann man beim Belegen und Garnieren der Cracker der Fantasie freien Lauf lassen. Zum Belegen eignen sich beispielsweise Käse wie Brie, Roquefort oder Gouda, den man in 1/2 cm dicke Scheiben und dann in Quadrate schneidet; aus dem Gouda lassen sich auch mit Plätzchenausstechern dekorative Motive ausstechen. Aber auch Aufschnitt von Salami, rohem oder gekochtem Schinken, Putenbrust oder Cocktailwürstchen machen sich auf den knusprigen Talern sehr gut. Ein ganz einfa-

Nach wie vor ein Partyhit: Cracker, bunt belegt und appetitlich garniert. Bei solchen Platten ist für jeden Geschmack das Richtige dabei!

cher Belag sind Scheiben von hart gekochten Eiern. Edler wird's dagegen mit Garnelen, Räucherfisch oder beispielsweise Leberpastete. Zum Garnieren eignen sich Sardellenfilets, Cocktailtomaten, Walnüsse, Mandarinen, Weintrauben, Oliven, Cocktailkirschen, Mixed Pickles, Cornichons, Kapern, Piri-Piri, Kaviar und vieles mehr. Für welche Kombination auch immer man sich entscheidet, zunächst sollte eine »Unterlage« geschaffen werden – die bringt einerseits die passende Würze, andererseits sorgt sie dafür, dass der Belag nicht abrutscht. Im einfachsten Fall streicht man ein wenig Mayonnaise – pur oder nach Belieben etwa mit Currypulver oder gehackten Kräutern gewürzt – auf die Cracker, doch schmecken diese auch mit einer Käsecreme oder würzigem Kräuterquark nach den folgenden Rezepten sehr gut. Beides kann man, je nach gewünschtem Effekt, auch in einen Spritzbeutel mit Loch- oder Sterntülle füllen und auf die Cracker spritzen.

Für die Frischkäsecreme:
600 g Doppelrahm-Frischkäse
60 ml Sahne, 1/2 TL Salz
frisch gemahlener Pfeffer
Für den Kräuterquark:
30 g Zwiebel
250 g Speisequark
2 EL gehackte Kräuter
(Petersilie, Schnittlauch, Dill, Liebstöckel)

Für die Frischkäsecreme Doppelrahm-Frischkäse, Sahne, Salz und Pfeffer mit einem Schneebesen oder Handrührgerät gut verrühren. Ist die Creme dann noch zu fest, um sich gut spritzen zu lassen, kann noch etwas Sahne – oder nach Belieben auch Milch – untergerührt werden.

Für den Kräuterquark die Zwiebel sehr fein hacken und mit den restlichen Zutaten gut verrühren.

Üppig belegt müssen sie sein, die herzhaften Brote nach dänischer Art. Und als Getränk dazu passt hervorragend der landesübliche Aquavit, den man stets gut gekühlt serviert.

Diese immer höchst appetitlich angerichteten Brote sind ein Fest für Augen und Gaumen gleichermaßen.

Dänisches Smørrebrød

Man täte den Dänen Unrecht, wenn man ihr Smørrebrød einfach als »belegte Brote« übersetzen würde. Denn die einzelnen Kombinationen werden mit Bedacht zusammengestellt, und es kommen stets erstklassige, frische Zutaten zum Einsatz, um solche dänischen Köstlichkeiten zu zaubern. Die Grundlage für Smørrebrød ist immer eine kleine oder halbierte, nicht mehr als 1/2 cm dicke Scheibe Brot – in Dänemark vorzugsweise säuerliches Roggenbrot, aber man kann genauso gut Baguette, Grau-, Toast- oder Vollkornbrot verwenden. Das Brot bestreicht man dünn mit frischer Butter, und dann kommt das Wichtigste: der »paalæg«, wie es auf Dänisch heißt, der Belag. Hier einige Vorschläge:

Scheiben von roh geräuchertem Schinken, in Fächer gelegt, mit gesalzener, steif geschlagener Sahne, Salatblättern und schwarzen Oliven garniert.

Gekochte kleine Garnelen ohne Schale, garniert mit Meerrettichsahne und Dillspitzen.

Blätter von Friséesalat, belegt mit Stücken von Bismarkhering, garniert mit gekochten Eivierteln.

Stücke von Räucheraal – ohne Haut –, mit Rührei belegt und mit Schnittlauchröllchen bestreut.

Bataviasalat, mit einer Scheibe Blauschimmelkäse belegt und mit Walnusskernen garniert.

Scheiben von Leberpastete, mit halbierten Cocktailtomaten garniert.

Mundgerechte Stücke von Bismarkhering, garniert mit geviertelten gekochten Eiern und Zwiebelringen.

Novitasalat, garniert mit gekochten, geschälten Garnelen, einem Tupfer Meerrettichsahne und etwas glatter Petersilie.

Waldorfsalat mit einer leichten Mayonnaise, garniert mit Cocktailkirschen.

Grüner Eichblattsalat, belegt mit aufgerollten Scheiben von geräuchertem Lachs, garniert mit Meerrettichsahne und etwas Kaviar nach Belieben.

Fleischsalat mit klein gewürfeltem grünem, rotem und gelbem Paprika, garniert mit geviertelten gekochten Eiern, bestreut mit grob gemahlenem Pfeffer.

Scheiben von Leberpastete, mit einem Tupfer Meerrettichsahne und mit Feldsalatrosetten garniert.

Scheiben von milder Brühwurst (Bierschinken oder feine Kalbslyoner) und würziger Blauschimmelkäse, dekoriert mit Chicorée und glatter Petersilie.

Häppchen für Häppchen Genuss pur: Zwei berühmte Kreationen aus der italienischen Küche.

Gefüllte Feigen & Mozzarellaspießchen

Die Kombination von reifen, aromatischen Früchten und herzhaften Beilagen war schon immer beliebt. Besonders gut passt die intensive Süße der Feigen zu dem exquisiten luftgetrockneten Parmaschinken. Bei beiden Produkten sollte man jedoch auf ausgezeichnete Qualität achten. Besonders bei den Feigen ist dies wichtig, denn unreife oder überreife Früchte eignen sich in keinem Fall, sie sind entweder noch zu herb im Geschmack oder bereits zu weich. Eine frische reife Feige erkennt man an ihrer fleckenlosen Oberfläche und an der leicht glänzenden gelbgrünen oder blaugrünen bis violetten Haut. Nach dem Einkauf sollten Feigen möglichst bald verzehrt werden, denn sie halten sich kühl gelagert nur etwa zwei Tage.

Aber auch die zweite Kombination – Mozzarella und Tomaten – hat weit über die Landesgrenzen hinaus Berühmtheit erlangt. Mit gutem Olivenöl und mildem Aceto balsamico bianco beträufelt und mit Basilikum garniert, ist sie wirklich unwiderstehlich.

Italiens Nationalfarben: Die Kombination von Mozarella und Tomaten – beliebt wie eh' und je – hier einmal nicht in Scheiben, sondern »am Spieß« serviert.

Gefüllte Feigen

10 große, frische Feigen
100 g Parmaschinken, in feinen Scheiben
Für die Creme:
75 g Mascarpone
Salz
frisch gemahlener Pfeffer
abgeriebene Schale 1/2 unbehandelten Zitrone
Außerdem:
40 g ganze Pistazienkerne

Die Feigen waschen, mit Küchenpapier trockentupfen und vierteln. Den Parmaschinken längs in schmale Streifen schneiden und in lockerer Form in die Mitte von Tellern oder einer Platte legen. Die Feigen ringsherum mit den Spitzen nach außen anordnen.

Für die Creme den Mascarpone verrühren, mit Salz, Pfeffer und Zitronenschale würzen. Die Creme in einen Spritzbeutel mit Sterntülle füllen und je 1 kleinen Tupfer auf die Feigenviertel spritzen. Die Mascarponetupfen mit je 1 Pistazienkern garnieren.

Mozzarellaspieße

200 g kleine Mozarellakugeln
200 g Cocktailtomaten, Basilikumblättchen
Für die Marinade:
4 EL Olivenöl, 2 EL Aceto Balsamico bianco
1 Spritzer Limettensaft
grob gemahlener Pfeffer, Salz
Außerdem:
kleine Holzspießchen

Die Mozzarellakugeln gut abtropfen lassen. Die Tomaten waschen und die Stielansätze entfernen.

Die Zutaten für die Marinade in einer flachen Form verrühren. Mozzarella und Tomaten einlegen, etwas darin wälzen und zugedeckt 30 Minuten im Kühlschrank marinieren lassen.

Die Basilikumblätter waschen und trockenschütteln. Abwechselnd Mozzarella und Tomaten auf die Spieße stecken, auf Teller legen, mit Basilikum garnieren und mit Pfeffer bestreuen.

Feine Häppchen mit Schinken oder Fisch. Die Weißbrotscheiben können nach Belieben vor dem Belegen noch getoastet werden.

Delikate Schnitten mit geräuchertem Fisch und feinem Schinken, abgerundet mit den passenden Kräutern.

Kleine Canapés

Geräucherter Fisch und geräucherter Schinken sind schon für sich genommen ein Leckerbissen. Und ganz besonders gut kommen sie zur Geltung, wenn sie so appetitlich angerichtet werden wie hier. Damit der jeweilige feine Geschmack auch richtig zur Geltung kommt, sollten die »Unterlagen« nicht zu sehr vorschmecken, weder das Brot noch die Auflage. Der Mürbteigboden für die Lachshäppchen lässt sich leicht variieren, so können die »Schälchen« etwa auch in runden Muffinformen gebacken werden.

Canapés

Für 16 Stück

1 hartgekochtes Ei
6 Cocktailtomaten
120 g geräuchertes Forellenfilet
4 gekochte dünne Spargelstangen
16 Scheiben Weiß- und Schwarzbrot
20 g Butter
kleine gewaschene Salatblätter
12 kleine Scheiben Rohschinken

Außerdem:

Remouladensauce
Dillspitzen, Petersilieblätter
grob geschroteter Pfeffer

Das hartgekochte Ei pellen und in Scheiben schneiden. Die Tomaten waschen, halbieren oder in Scheiben schneiden. Die Forellenfilets in etwa 1 cm breite, schräge Stücke schneiden. Die Spargelstangen in 4 bis 5 cm lange Stücke schneiden.

Brotscheiben in 4 x 4 cm große Stücke schneiden, dünn mit Butter bestreichen und mit Salatblättern belegen. Eischeiben, Spargel- und Forellenstücke, Tomatenhälften und Schinkenscheiben ansprechend darauf anrichten. Kleine Tupfer Remouladensauce aufspritzen und die Brote mit Dill und Petersilie garnieren. Mit Pfeffer würzen.

Lachshäppchen

Für 25 Stück

Für den Mürbeteig:

200 g Mehl, 100 g Butter
1 Eigelb, 1/2 TL Salz, 2 EL Eiswasser

Für den Käsebelag:

250 g Doppelrahm-Frischkäse
Salz, frisch gemahlener Pfeffer
70 ml Sahne
1 EL Dillspitzen
1 EL Schnittlauchröllchen
30 g feingehackte Schalotten

Zum Belegen:

200 g Räucherlachs, in 25 Stücke geteilt
Dillspitzen
Rosmarinblüten

Außerdem:

quadratische Förmchen (5 x 5 cm, 1 cm Höhe)
Backpapier

Für den Teig das Mehl auf eine Arbeitsfläche sieben und in die Mitte eine Mulde drücken. Die Butter in Stücke schneiden und zusammen mit Eigelb, Salz und Wasser hineingeben. Mit einer Palette oder einem großen Messer alle Zutaten grob vermengen und zu feinen Krümmeln hacken. Den Teig mit den Händen rasch – damit die Butter nicht zu weich wird – zu einem glatten Teig verkneten. Den Teig zu einer Kugel formen, in Folie wickeln und etwa 30 Minuten im Kühlschrank ruhen lassen.

Den Mürbteig auf einer bemehlten Arbeitsfläche 3 bis 4 mm dick ausrollen. Wer »Schiffchen« wünscht, wie unten zu sehen, sollte sich nach der anschließenden Beschreibung richten. Einfacher geht's zweidimensional, wenn man den Teig zu einer Platte ausrollt und ihn in 5 x 5 cm große Quadrate schneidet, diese auf ein mit Backpapier belegtes Blech setzt und den Angaben entsprechend backt. Im anderen Fall die Förmchen nebeneinander stellen, leicht fetten und den Teig darüber legen. Den Teig leicht in die Vertiefungen drücken und mit einem Teigroller darüber rollen, dabei abschneiden. Leicht andrücken, überstehende Teigränder abschneiden. Mit einer Gabel einstechen und die Teigquadrate so oder so bei 180 ° C im vorgeheizten Ofen 10 bis 12 Minuten backen. Herausnehmen und auskühlen lassen.

Für den Belag den Frischkäse mit den Gewürzen und der Sahne verrühren. Kräuter und Schalotten einrühren. Den Frischkäse auf oder in den Böden verstreichen. Jeweils 1 Lachsstück auflegen. Mit Dill und Rosmarinblüten garniert servieren.

Frischkäsehappen mit einer Hülle aus gehackten Pistazien oder Walnüssen serviert man am besten mit einem Zahnstocher.

Bunte Käsehäppchen – mal auf Brot, mal auf Mürbteigboden – sind eine willkommende Abwechslung am Buffet.

Delikat mit Käse gefüllt

Frischkäsebällchen

Der Schafskäse gibt diesen kleinen Kugeln einen würzigen Geschmack. Wem die Masse dennoch nicht salzig genug ist, der kann mit etwas Salz vorsichtig nachhelfen.

Für etwa 30 Bällchen
100 g Schafskäse (Feta)
200 g Doppelrahm-Frischkäse
1 EL gehackte Petersilie
frisch gemahlener schwarzer Pfeffer
Salz
Außerdem:
50 g gehackte Pistazien
50 g gehackte Walnusskerne
Taler aus Roggenvollkornbrot und Pumpernickel
Zahnstocher aus Holz

Den Schafskäse mit einer Gabel fein zerdrücken. Den Frischkäse sowie die gehackte Petersilie zufügen, pfeffern, nach Belieben salzen und alles gut miteinander vermischen, bis eine feste, geschmeidige Masse entstanden ist.

Aus der Käsemasse Bällchen von je etwa 10 g formen. Die Käsebällchen in den Nüssen wälzen, auf eine Platte legen und bis zum Serviern kalt stellen. Die Käsebällchen auf Brottaler legen und mit je einem Zahnstocher fixieren.

Petits fours mit Käse

Bei Gestaltung und Füllung der Petits fours sind der Phantasie kaum Grenzen gesetzt. Man sollte jedoch darauf achten, dass die einzelnen Komponenten geschmacklich alle gut harmonieren. Die kleinen Mürbteigböden lassen sich übrigens sehr gut auf Vorrat backen und einfrieren.

Für den Mürbteig:
250 g Mehl, 125 g Butter
1 Eigelb, 1 Prise Salz
1 bis 2 EL Wasser
Für die Käsefüllung:
je 100 g reifer Camembert und Stilton
50 g Magerquark (oder Ricotta)
50 g Cheddar
50 g Parmaschinken
1 EL Zwiebelwürfel
1/2 zerdrückte Knoblauchzehe
1/2 TL scharfer Senf
Salz, frisch gemahlener Pfeffer
1 EL gehackte Kräuter (Petersilie, Basilikum, Thymian, Liebstöckel, Salbei)
Für die Frischkäsefüllung:
200 g Doppelrahm-Frischkäse
1 TL Zitronensaft, 1 EL Sauerrahm
Salz, frisch gemahlener Pfeffer, etwas Zucker
Außerdem:
verschiedene kleine Backförmchen (1 cm Höhe)

Petit fours mit Käse – liebevoll garniert!
Die filigranen Blüten sind aus Brandteigmasse, die dafür einfach in eine Pergamenttüte gefüllt und in Form einer Blüte auf ein leicht gefettetes und mit Mehl bestaubtes Blech gespritzt und gebacken wird.

Für den Teig das Mehl auf eine Arbeitsfläche sieben und in die Mitte eine Mulde drücken. Die Butter in Stücke schneiden und zusammen mit Eigelb, Salz und Wasser hineingeben. Mit einer Palette oder einem großen Messer alle Zutaten grob vermengen und zu feinen Krümmeln hacken. Mit den Händen rasch – damit die Butter nicht zu weich wird – zu einem glatten Teig verkneten. Den Teig zu einer Kugel formen, in Folie wickeln und etwa 30 Minuten kühl ruhen lassen.

Den Teig auf einer bemehlten Arbeitsfläche 3 bis 4 mm dick ausrollen. Die Förmchen nebeneinander stellen, leicht fetten und den Teig darüber legen. Leicht in die Vertiefungen der Förmchen drücken und mit einem Teigroller darüber rollen, dabei wird der Teig an den Kanten abgeschnitten. Mit dem Daumen den Teig so an die Förmchen drücken, dass dazwischen keine Luftblasen bleiben und überstehende Teigränder mit einem Messer abschneiden. Die Teigböden mit einer Gabel einstechen und bei 180 °C im vorgeheizten Ofen 10 bis 12 Minuten »blindbacken«, damit die Teigränder Stabilität erhalten. Die Förmchen aus dem Ofen nehmen und auskühlen lassen.

Für die Käsefüllung die Rinde des Camemberts abschneiden. Den Camembert mit dem Stilton und dem Quark schaumig rühren. Cheddar und Schinken in kleine Würfel schneiden und mit den Zwiebeln unter die Käsemasse mischen. Gewürze und Kräuter unterrühren. Die Füllung gut durchkühlen lassen. Für die Frischkäsefüllung alle im Rezept angegeben Zutaten miteinander verrühren.

Die Mürbteigböden mit der Käse- oder Frischkäsecreme füllen und nach Belieben garnieren.

Die Kräuter für die Füllung sollten in jedem Fall frisch gewiegt oder gehackt werden. Nur so geben sie der Creme ihr feines Aroma.

Pikant gefüllt auf zweierlei Art: einmal mit einer Meerrettichkäsecreme und einmal mit einer aromatischen Kräutercreme.

Mit Käsecreme gefüllte Brandteigringe

Sahniger Frischkäse ist eine ideale Basis für herzhafte Cremes. Er lässt sich durch die Zugabe von Kräutern, Gewürzen oder anderen geschmacksgebenden Zutaten wie etwa Meerrettich immer wieder neu verfeinern. Hier werden die Brandteigringe zur Hälfte mit der einen, zur Hälfte mit der andern Creme gefüllt.

Für den Brandteig:
60 ml Milch, 60 ml Wasser, 65 g Butter
1 Prise Salz, 110 g Mehl, 3 Eier
Für die Meerrettichfüllung:
400 g Doppelrahmfrischkäse
40 ml Sahne
Salz, frisch gemahlener Pfeffer
15 g frisch geriebener Meerrettich
Für die Kräuterfüllung:
400 g Doppelrahmfrischkäse
40 ml Sahne
1 Knoblauchzehe, zerdrückt
3 EL feingehackte Kräuter (Petersilie, Schnittlauch, Thymian, Frühlingszwiebel, Borretsch, Zitronenmelisse)
Außerdem:
Fett und Mehl für das Blech
grobes Salz und Kümmel zum Bestreuen

Für den Brandteig Milch, Wasser, Butter und Salz in einem Topf unter ständigem Rühren aufkochen lassen. Das gesiebte Mehl auf einmal in die kochende Flüssigkeit schütten, dabei ununterbrochen kräftig weiterrühren. Die Masse unter ständigem Rühren erhitzen, das Mehl sorgt für die Bindung. So lange rühren, bis sich die Masse als Kloß vom Topf löst (abbrennt) und eine weiße Haut den Topfboden überzieht. Die Masse in eine Schüssel umfüllen und etwas abkühlen lassen. 1 Ei unterrühren, bis es sich völlig mit der Masse verbunden hat. Die restlichen Eier nacheinander einarbeiten, dabei darauf achten, dass jedes Einzelne gut untergerührt ist, bevor das nächste folgt. Der Teig soll glatt und glänzend sein und weich vom Löffel fallen.

Ein Blech fetten und leicht mit Mehl bestauben. Den Brandteig in einen Spritzbeutel mit Sterntülle Nr. 6 füllen und mit genügend Abstand Ringe auf das Backblech spritzen. Mit grobem Salz und Kümmel bestreuen und die Ringe bei 220 °C im vorgeheizten Ofen etwa 15 Minuten nach Sicht goldbraun backen. Zu Beginn der Backzeit eine Tasse kochendes Wasser auf den Boden des Ofens gießen, die Brandteigringe entwickeln sich im Dampf besser. Herausnehmen, auf einem Kuchengitter auskühlen lassen und die Ringe quer halbieren.

Für die Meerrettichfüllung alle Zutaten miteinander verrühren, bis die Masse eine cremige Konsistenz erreicht hat. Ebenso die Zutaten für die Kräuterfüllung cremig verrühren. Jede Creme in einen Spritzbeutel mit Lochtülle Nr. 6 füllen.

Die Meerrettichcreme auf die eine Hälfte der Böden spritzen, die Kräutercreme auf die andere. Jeweils einen Deckel aufsetzen und die gefüllten Brandteigringe sofort servieren, durch längeres Stehen verlieren sie an Knusprigkeit.

Eine pikante Gorgonzolacreme zwischen knusprigen Mürbteigringen – einfach delikat.

Gefülltes Käsegebäck

Die Käseplätzchen kann man gut im Voraus backen, doch sollten sie erst kurz vor dem Servieren gefüllt werden, damit sie schön knusprig bleiben.

Für 30 bis 35 Stück
Für den Käsemürbteig:
180 g frisch geriebener Greyerzer
150 g weiche Butter, 1/2 TL Salz
1 TL edelsüßes Paprikapulver, 100 ml Sahne
250 g Mehl, 1/2 TL Backpulver
Für die Gorgonzolafüllung:
1 Knoblauchzehe
100 g Gorgonzola
200 g Ricotta (ersatzweise Magerquark)
2 EL saure Sahne oder Schmand
Salz, frisch gemahlener weißer Pfeffer
Außerdem:
1 Ausstechförmchen mit gewelltem Rand von 6 cm Durchmesser
1 Ausstechförmchen mit glattem Rand von 4 cm Durchmesser
Backpapier für das Blech
1 Eigelb, 2 EL Milch
Sesam- und Mohnsamen
gehackte Pistazien, grobes Salz

Für den Teig Käse, Butter, Salz und Paprikapulver in einer Rührschüssel vermischen. Die Sahne zufügen und alles zu einer glatten Masse verkneten; es sollen keine Butterstückchen mehr erkennbar sein.

Mehl und Backpulver auf eine Arbeitsfläche sieben und in die Mitte eine Mulde drücken. Die Käsemasse hineingeben und alles mit einem großen Messer zu feinen Krümeln hacken. Diese mit den Händen schnell zu einem glatten Teig verkneten. In Folie wickeln und 1 Stunde im Kühlschrank ruhen lassen.

Den Käsemürbteig auf einer leicht bemehlten Arbeitsfläche 3 bis 4 mm dick ausrollen. Mit den Förmchen daraus Ringe ausstechen und diese auf ein mit Backpapier ausgelegtes Blech setzen.

Das Eigelb mit der Milch verquirlen und die Ringe damit bestreichen. Die Hälfte der Ringe nach Belieben mit Sesam, Mohn, Pistazien oder grobem Salz bestreuen und alle Ringe bei 200 °C im vorgeheizten Ofen 12 bis 15 Minuten backen. Vom Blech nehmen und auskühlen lassen.

Inzwischen für die Füllung den Knoblauch schälen und durch die Presse drücken. Mit den restlichen Zutaten gründlich vermengen. Die Masse durch ein Sieb streichen, in einen Spritzbeutel mit Sterntülle füllen und auf die unbestreuten Ringe spritzen. Die bestreuten Ringe daraufsetzen.

Die leckeren Käseplätzchen schmecken auch einmal ohne die pikante Füllung ganz hervorragend. Dafür aus dem Teig Formen nach Belieben ausstechen, mit verquirltem Ei bestreichen und alle Plätzchen mit Sesam, Mohn, Salz oder Pistazien bestreuen.

Ob knackiges Gemüse oder Blätterteigschnitten, die sahnige Käsecreme ergänzt beides ganz hervorragend.

Mit Frischkäse gefüllt

Mit Frischkäse gefülltes Gemüse

Je nach Marktangebot lassen sich die unterschiedlichsten Gemüsearten oder große Oliven ohne Stein mit einer pikanten Creme füllen. Und es müssen nicht nur die »Gemüseminis« sein, die auf diese Art serviert werden: So kann man auch eine Salatgurke längs halbieren und in 2 bis 3 cm lange Stücke schneiden. Diese werden mit einem Teelöffel etwas

ausgehölt und dann gefüllt. Köstlich schmeckt die Frischkäsefüllung aber auch beispielsweise auf Stücken von geputztem Stangensellerie. Und wer's mal exotisch probieren möchte, der halbiert frische oder getrocknete Datteln, entfernt den Kern und füllt die Früchte mit Frischkäsecreme. Dann bei dieser jedoch die Kräuter weglassen und die Creme statt dessen pikant mit Cayennepfeffer würzen.

100 g kleine Champignons
1 EL Zitronensaft
4 milde grüne Peperoni
100 g Kräuteroliven ohne Stein
200 g Cocktailtomaten
Für die Füllung:
400 g Doppelrahm-Frischkäse
3 bis 4 EL Sahne oder Milch
2 Knoblauchzehen
4 EL gehackte Kräuter
(Petersilie, Dill, Kerbel)
3 EL frisch geriebener Parmesan
Salz, frisch gemahlener weißer Pfeffer
Paprikapulver rosenscharf
Außerdem:
100 g Salatgurke
einige Kopfsalatblätter

Zunächst für die Füllung den Frischkäse mit Sahne oder Milch gut verruhren. Den Knoblauch schälen und durch eine Knoblauchpresse dazu drücken. Kräuter und Parmesan zufügen, alles gut vermengen und mit Salz, Pfeffer sowie Paprika würzen. Die Käsecreme bis zur weiteren Verwendung kalt stellen.

Die Champignons putzen, die Stiele sowie eventuell vorhandene dunkle Lamellen entfernen und die Hüte mit Zitronensaft beträufeln. Die Peperoni waschen, die Stielansätze abschneiden, Samen und Scheidewände vorsichtig entfernen. Die Oliven der Länge nach aufschneiden. Die Tomaten waschen und einen »Deckel« abschneiden, die Früchte aushöhlen.

Die Frischkäsecreme in einen Spritzbeutel mit Sterntülle geben und Champignons, Peperoni, Oliven und Tomaten damit füllen.

Die Gurke zum Garnieren waschen, streifig schälen, längs halbieren, die Samen mit einem scharfkantigen Löffel entfernen und die Gurke in dünne Scheiben schneiden.

Die Salatblätter waschen, trockenschleudern und nach Bedarf etwas zerpflücken. Salatblätter und Gurkenscheiben auf einem großen Teller oder einer Platte arrangieren und das gefüllte Gemüse dekorativ darauf anrichten.

Mohn, Sesam und Schwarzkümmel sorgen bei den luftigen Käseschnitten nicht nur für optische, sondern auch für geschmackliche Abwechslung. Die Frischkäsecreme kann man nach Wunsch variieren, beispielsweise mit Meerrettich, Knoblauch, Currypulver oder Kräutern.

Blätterteigschnitten mit Käsefüllung

300 g tiefgekühlte, rechteckige Blätterteigplatten
Für die Frischkäsecreme:
300 g Doppelrahm-Frischkäse
3 EL Sahne
Salz, frisch gemahlener weißer Pfeffer
Außerdem:
1 Eigelb, mit etwas Wasser verquirlt
Mohnsamen, weiße Sesamsamen
Schwarzkümmel

Den Blätterteig auftauen lassen. Jede Platte quer in 3 gleich große Rechtecke schneiden. Ein Backblech mit kaltem Wasser abspülen, den Blätterteig darauflegen und 20 Minuten kühl ruhen lassen.

Die Blätterteigstücke mit dem verquirlten Eigelb bestreichen und abwechselnd mit Mohn, Sesam und Schwarzkümmel bestreuen. Bei 220 °C im vorgeheizten Ofen 10 bis 15 Minuten goldgelb backen. Herausnehmen und auskühlen lassen, dann jedes Stück quer halbieren.

Für die Frischkäsecreme alle Zutaten verrühren, in einen Spritzbeutel mit Lochtülle füllen und auf die unteren Hälften der Blätterteigschnitten spritzen. Die oberen Hälften auflegen und die gefüllten Blätterteigschnitten auf Platten anrichten.

Ob mit Frisch- oder Schnittkäse, solche kleinen Leckerbissen kommen immer gut an.

Häppchen mit Käse

Gefüllte Pumpernickel
Zwischen den dünnen dunklen Brotscheiben verbergen sich Tilsiter Käse und eine feine Lebercreme. Bei der Zubereitung sollte man darauf achten, dass die Käse- und die Lebercremeschicht gleich hoch sind – dann sehen die gefüllten Pumpernickel besonders attraktiv aus. Die Reste, die beim Ausstechen des Käses übrig bleiben, lassen sich, klein gewürfelt, beispielsweise für einen Salat verwenden.

16 Scheiben runder Pumpernickel mit 5 cm Durchmesser
20 g weiche Butter, 200 g Tilsiter
Für die Lebercreme:
100 g weiche Butter
200 g feine Kalbsleberwurst
Salz, frisch gemahlener weißer Pfeffer
Außerdem:
40 g Mandelblättchen, 30 g gehackte Pistazien

8 Pumpernickelscheiben dünn mit Butter bestreichen. Den Käse in 1/2 cm dicke Scheiben schneiden und daraus wiederum Kreise von 5 cm Durchmesser ausstechen. Den Käse auf die mit Butter bestrichenen Pumpernickelscheiben legen.

Für die Creme die Butter gründlich mit der Leberwurst verrühren. Salzen und pfeffern. Die Creme in einen Spritzbeutel mit Lochtülle füllen, auf die Käsescheiben spritzen und glatt streichen.

Die restlichen Pumpernickelscheiben auf die Creme legen und etwas andrücken. Die Ränder ringsum mit der übrigen Lebercreme bestreichen.

Die Mandelblättchen in einer beschichteten Pfanne ohne Fett goldbraun rösten. Die Ränder von 4 gefüllten Pumpernickeln mit Mandeln, die restlichen mit Pistazien bestreuen. Im Kühlschrank gut durchkühlen und vor dem Anrichten mit einem scharfen Messer jeweils diagonal durchschneiden.

Pikanter Roquefort und milder Edamer: Beide Käsesorten passen prima zu dem sahnigen Frischkäse und den Crackern.

Ein attraktiver Farbtupfer auf einer Käseplatte und dazu noch ganz fix gemacht: mit Käsecreme gefüllte Cocktailtomaten.

Cracker mit zweierlei Käse

20 runde Cracker
Für die Frischkäsecreme:
300 g Doppelrahm-Frischkäse
3 EL Sahne, 1/2 Knoblauchzehe
Salz, frisch gemahlener weißer Pfeffer
Außerdem:
80 g Roquefort, 80 g Edamer
kleine Ausstechförmchen nach Belieben
1 TL edelsüßes Paprikapulver
1 TL gehackter grüner Pfeffer

Für die Creme den Frischkäse mit der Sahne verrühren. Den Knoblauch schälen und durch eine Knoblauchpresse dazudrücken. Die Creme würzen.

Den Roquefort und den Edamer in 1/2 cm dicke Scheiben schneiden. Den Roquefort anschließend in kleine Quadrate schneiden, aus dem Edamer beliebige kleine Formen ausstechen.

Die Creme in einen Spritzbeutel mit Sterntülle füllen und auf die Cracker spritzen. 10 der Cracker mit edelsüßem Paprikapulver bestauben und die Roquefortscheiben auflegen. Die restlichen Cracker mit gehacktem grünem Pfeffer bestreuen und mit dem Edamer belegen.

Gefüllte Tomaten

je 6 rote und gelbe Cocktailtomaten
1 TL scharfer Senf
Für die Frischkäsecreme:
200 g Doppelrahm-Frischkäse, 2 EL Sahne
Salz, frisch gemahlener weißer Pfeffer
Außerdem:
6 schwarze Oliven ohne Stein
1 TL frisch gehackter grüner Pfeffer

Die Tomaten waschen, jeweils einen kleinen Deckel abschneiden und die Früchte zur Hälfte aushöhlen. Mit jeweils 1 Messerspitze scharfem Senf würzen.

Für die Frischkäsecreme alle Zutaten gründlich verrühren, die Creme in einen Spritzbeutel mit Sterntülle füllen und in die Tomaten spritzen. Die Oliven halbieren und je eine Hälfte auf eine Cremerosette legen. Mit grünem Pfeffer bestreuen.

Die goldbraun gerösteten Brotscheiben mit dem pikanten Belag sind nicht nur in Italien beliebt.

Zweimal Crostini

Paprika-Tunfisch-Crostini

Diese Crostini kann man auch einmal warm servieren: Dazu jeweils noch eine Scheibe Mozzarella auf die Tunfisch-Paprika-Mischung legen und unter dem vorgeheizten Grill überbacken.

2 rote Paprikaschoten, 60 g Frühlingszwiebeln
1 Dose Tunfisch im eigenen Saft (185 g Abtropfgewicht) , 2 TL Kapern
3 TL Zitronensaft, 2 EL Olivenöl
Salz, frisch gemahlener schwarzer Pfeffer
Cayennepfeffer
Außerdem:
16 dünne Scheiben Baguette

Bei den Paprika-Tunfisch-Crostini sorgen Kapern, Zitronensaft sowie ein Hauch Cayennepfeffer für eine pikante Note.

Die Paprikaschoten bei 220 °C im vorgeheizten Ofen backen, bis die Haut Blasen wirft. Herausnehmen, unter ein feuchtes Tuch oder in eine Plastiktüte legen und »schwitzen« lassen. Die Schoten von der Haut befreien, halbieren, Stielansätze, Samen und Scheidewände entfernen und das Fruchtfleisch in feine Würfel schneiden.

Die Frühlingszwiebeln waschen, putzen und fein hacken. Den Tunfisch abtropfen lassen und mit einer Gabel zerpflücken. Die Kapern abtropfen lassen und grob hacken. Paprika, Frühlingszwiebeln, Tunfisch, Kapern, Zitronensaft und Olivenöl miteinander vermischen. Mit Salz, Pfeffer und Cayennepfeffer pikant würzen.

Die Brotscheiben im Toaster oder bei 220 °C im vorgeheizten Ofen auf einem Backblech rösten. Die Tunfischmischung darauf verteilen und servieren.

Crostini mit Geflügelleber

Für die Lebermischung:
200 g Zwiebeln, 16 EL Olivenöl
450 g Hühnerlebern, 3 Tomaten
5 hart gekochte Eier
Salz, frisch gemahlener weißer Pfeffer
Außerdem:
1 hart gekochtes Ei
25 dünne Scheiben Baguette
gehackte Petersilie zum Bestreuen

Zu den Crostini mit Geflügelleber sind große, fleischige grüne oder schwarze Oliven die ideale Ergänzung.

Die Zwiebeln schälen und würfeln. 5 EL Öl in einer Pfanne erhitzen, die Zwiebeln darin goldbraun braten, herausnehmen und auf Küchenpapier abtropfen lassen. Die Pfanne säubern.

Die Hühnerlebern unter fließendem kaltem Wasser waschen, trockentupfen und von allen Äderchen und Häutchen befreien. Die Lebern klein hacken. Weitere 5 EL Öl in der Pfanne erhitzen, die Lebern darin braten und auf Küchenpapier abtropfen lassen.

Die Tomaten blanchieren, häuten, halbieren, Stielansätze und Samen entfernen und das Fruchtfleisch sehr klein würfeln. Die Eier schälen und hacken.

Leber, Zwiebeln, Tomaten und Eier gründlich miteinander mischen, salzen und pfeffern. Die restlichen 6 EL Olivenöl unterrühren. Das Ei hacken. Die Brotscheiben goldbraun toasten und die Lebermischung darauf verteilen. Mit gehacktem Ei sowie Petersilie garnieren und servieren.

Milde Matjesfilets an sich sind schon eine Delikatesse. Zu Tatar verarbeitet, pikant gewürzt und auf Weißbrot serviert, schmecken sie einfach umwerfend.

Zwei Möglichkeiten, Matjes und Lachs zu servieren, die sicher großen Anklang finden.

Tatar vom Fisch

Matjestatar

Zarte Matjesfilets sind das Ausgangsprodukt für dieses Tatar. Es lohnt sich, nach mildgesalzenem Matjes zu suchen, wie ihn die Holländer lieben. Während man in Deutschland noch immer Matjes mit einem Salzgehalt von bis zu 14 Prozent antreffen kann, liegt er beim holländischen lediglich zwischen 0,5 und 3 Prozent.

8 milde Matjesfilets (etwa 450 g)
120 g weiße Zwiebeln
70 g Gewürzgurken
1 EL Kapern, 5 g frische Ingwerwurzel
2 cl Cognac, 1 EL Zitronensaft
2 EL fein gehackte Petersilie
2 EL Schnittlauchröllchen
1 EL edelsüßes Paprikapulver
frisch gemahlener Pfeffer, 1 TL Senf
Außerdem:
2 kleine Eier, 8 Scheiben Weißbrot
Schnittlauch zum Garnieren

Die Matjesfilets erst in dünne Scheiben, dann in kleine Würfel schneiden. Die Zwiebeln schälen und fein hacken. Die Gewürzgurken und die Kapern abtropfen lassen und ebenfalls fein hacken. Den Ingwer schälen und fein reiben.

Zwiebeln, Gewürzgurken, Kapern und Ingwer mit den Matjeswürfeln vermengen. Cognac und Zitronensaft einrühren, die Kräuter untermischen und alles mit Paprikapulver und Pfeffer würzen. Die gewürzten Matjeswürfel 30 Minuten kühl durchziehen lassen.

In der Zwischenzeit die Eier für die Garnitur hart kochen, abschrecken, pellen und auskühlen lassen. Die Eier in Viertel schneiden.

Die Weißbrotscheiben im Toaster knusprig toasten, herausnehmen und abkühlen lassen. Das Matjestatar darauf anrichten und mit jeweils mit Ei und Schnittlauch garnieren. Sofort servieren, damit das Brot nicht wieder weich wird.

Lachstatar

Mit diesen köstlichen belegten Toastdreiecken liegt man bei jedem Anlass richtig – zumal Räucherlachs völlig saisonunabhängig ist. Geräucherte Ware in guter Qualität, wie hier benötigt, ist das ganze Jahr über verfügbar.

Für 24 Stück
400 g geräucherter Lachs, in dünnen Scheiben
40 g Frühlingszwiebeln
Saft von 1/2 Limette
Salz, frisch gemahlener Pfeffer
3 EL feingehackter Dill
Außerdem:
6 Scheiben Toastbrot
Butter zum Bestreichen
100 g Crème fraîche
Dillspitzen zum Garnieren

Die Brotscheiben im Toaster hell rösten, herausnehmen und abkühlen lassen. Die Scheiben zunächst diagonal halbieren und die Hälften dann nochmals diagonal halbieren; so entstehen pro Scheibe Toastbrot 4 Dreiecke. Diese dünn mit Butter bestreichen.

Für das Lachstatar den Räucherlachs sehr fein würfeln und in eine Schüssel füllen. Die Frühlingszwiebeln waschen, putzen und sehr fein hacken. Den Lachs mit Limettensaft beträufeln und mit Salz und Pfeffer würzen. Den Dill und die gehackten Frühlingszwiebeln einrühren.

Lachstatar auf den gebutterten Toastecken verteilen und nach Belieben mit jeweils einem ein Klecks Crème fraîche und Dillzweigen garnieren.

Mit Dill und Limettensaft aromatisiert ist das Tatar vom Räucherlachs. Es sollte nach der Zubereitung nicht mehr lange stehen und bis zum Servieren kühl aufbewahrt werden.

Auf den Belag kommt es an: marinierter Käse und eine würzige Oliven-Sardellen-Paste.

Baguette pikant

Französisches Baguette hat die ideale Größe für kleine Canapés oder ähnliches. Doch muss es nicht immer Weißbrot sein. Wer will, kann auch andere, dunklere und kräftigere Brotsorten wie Vollkorn- oder Roggenbrot verwenden, sofern diese mit dem Belag harmonieren. Die Brotscheiben müssen dann allerdings auf die entsprechende Größe zurechtgeschnitten werden. Die meisten Brotsorten vertragen vor dem Belegen ein leichtes Toasten, so bleiben sie länger knusprig.

Schafkäse mit Kräutern auf Tomaten

300 g Tomaten (mittlere Größe)
2 EL Olivenöl
Salz, frisch gemahlener Pfeffer

Kräuter, Schafkäse und Tomaten, auf Weißbrotscheiben angerichtet, schmecken herrlich frisch – genau das richtige für heiße Sommertage.

Für die Käsemischung:
80 g rote Paprikaschote
300 g Schafkäse (Feta)
2 EL gehackte Kräuter (Petersilie, Thymian, Basilikum)
2 EL Olivenöl
1 EL Cognac
Außerdem:
12 Scheiben französisches Weißbrot
40 g Butter
12 Basilikumblätter

Die Tomaten waschen, Stielansätze entfernen, das Fruchtfleisch in Scheiben schneiden und in eine flache Form legen. Das Öl mit Salz und Pfeffer verrühren, über die Tomatenscheiben gießen und diese 30 Minuten durchziehen lassen.

Die Paprikaschote waschen, halbieren, Stielansatz, Samen und Scheidewände entfernen und das Fruchtfleisch sehr klein würfeln. Den Käse mit einer Gabel zerbröckeln, vorsichtig salzen (vorher den Salzgehalt des Käses prüfen!), pfeffern und mit den Kräutern bestreuen. Paprikawürfel, Öl und Cognac untermischen und den gewürzten Schafkäse 15 Minuten durchziehen lassen.

Die Baguettescheiben dünn mit Butter bestreichen. Auf jede Brotscheibe leicht überlappend 2 Tomatenscheiben legen, den marinierten Schafkäse darüber verteilen und mit Basilikum garnieren.

Schnell zubereitet ist die Tapenade. Übrigens – in ein schönes Glas gefüllt – ein prima Mitbringsel aus der Küche. Im Kühlschrank hält sich die würzige Paste mindestens 2 Wochen.

Tapenade auf Baguette

Die pikante Paste aus Oliven, Sardellen und Kapern eignet sich nicht nur als Brotaufstrich, sondern schmeckt auch zu gekochten Nudeln ganz köstlich.

50 g Sardellenfilets, 50 g Kapern
150 g schwarze Oliven, entsteint
1 Knoblauchzehe
6 EL Olivenöl, 1 TL Cognac
frisch gemahlener Pfeffer
Außerdem:
1 französisches Weißbrot (Baguette)
8 grüne, mit Paprika gefüllte Oliven

Die Sardellenfilets klein schneiden und zusammen mit den Kapern und den schwarzen Oliven in einen Mixer geben. Den Knoblauch schälen und durch eine Knoblauchpresse dazudrücken.

Das Olivenöl in den Mixer gießen und alles zu einer geschmeidigen Paste verarbeiten; das dauert etwa 2 Minuten. Die Olivenmischung eine Schüssel umfüllen und mit Cognac und reichlich Pfeffer würzen.

Das Baguette schräg in 15 Scheiben schneiden und diese mit der Tapenade bestreichen. Die grünen Oliven halbieren und die Canapés damit garnieren.

Auch für ein Buffet im Grünen eignen sich diese herzhaften Bissen. Sie sind robust genug, um ein bißchen Sonne zu überstehen.

Leckeres mit Salami – ganz leicht vorzubereiten und im Handumdrehen fertig.

Salami-Häppchen

Beim Dekorieren von kalten Häppchen sind der eigenen Phantasie kaum Grenzen gesetzt. Aus ganz einfachen Zutaten, hier etwa Salami und Pickles, lassen sich mit nur geringem Zeitaufwand wahre Kunstwerke zaubern. So sind die im folgenden Rezept angegebenen Zutaten für die Garnitur auch nur als Vorschlag zu verstehen – man kann hier nach Lust und Laune variieren.

Salamihäppchen
600 g Salami, teils in Scheiben, teils in 2,5 cm große Würfel geschnitten
Zum Garnieren:
Wachteleier
grüne und schwarze Oliven
Kapern
Cocktailtomaten

Radieschen
gelbe und rote Paprikaschoten
Essiggemüse (Cornichons, Perlzwiebeln, Peperoni und Maiskölbchen)
Außerdem:
Zahnstocher
Papierkapseln nach Belieben

Die Wachteleier in einen Topf legen. Mit heißem Wasser bedecken und 5 Minuten kochen. Herausnehmen, kalt abschrecken und schälen.

Die Oliven je nach Bedarf in Scheiben schneiden oder ganz lassen. Die Kapern abtropfen lassen. Die Cocktailtomaten waschen und halbieren. Die Radieschen waschen, putzen und in Scheiben schneiden. Paprikaschoten waschen, halbieren, Stielansätze, Samen und Scheidewände entfernen und das Fruchtfleisch in Rauten oder Dreiecke schneiden. Das Essiggemüse abtropfen lassen und je nach Größe halbieren.

Die Salami je nach Geschmack mit den verschiedenen Zutaten garnieren und auf Zahnstocher spießen. Wer will, serviert die Salami-Bissen in kleinen Papierkapseln. Dazu passt frisches Baguette.

Gefüllte Mini-Croissants

Ohne großen Aufwand gebacken sind die Croissants die schnelle Rettung für den kleinen Hunger oder eine fixe Bereicherung für das Buffet (Ohne Abbildung).

Für 12 Stück
1 Packung gekühlter Frischteig für Croissants
200 g Salami, in Scheiben
je 60 g rote und grüne Paprikaschote

Die Teigplatten längs halbieren und zu kleinen Croissants aufrollen. Ein Blech mit Backpapier auslegen und die Croissants darauf setzen. Bei 200 °C im vorgeheizten Ofen nach Sicht in 12 bis 15 Minuten hellbraun backen. Herausnehmen, auf einem Gitter abkühlen lassen und die Croissants halbieren.

Für die Füllung die Paprikaschoten waschen, Stielansätze, Samen und Scheidewände entfernen und das Fruchtfleisch in kleine Würfel schneiden. Salami und Paprikawürfel auf den Croissants verteilen.

Die filigranen Körbchen – mit Meeresfrüchten gefüllt – schmecken ebenso gut wie sie aussehen.

Filoschälchen mit delikater Füllung

Filos mit Crabmeat
1 Blatt Filoteig (48 x 36 cm, 40 g)
zerlassene Butter zum Bestreichen
Für die Füllung:
150 g asiatisches Crabmeat (Dosenware)
80 g rote Paprikaschote
50 g grüne Paprikaschote
30 g Frühlingszwiebeln
1 kleine rote Chilischote
1/2 Knoblauchzehe

Für die Sauce:
5 EL Mayonnaise, 1/2 TL Currypulver
2 EL helle Sojasauce
1 Spritzer Limettensaft
Salz, frisch gemahlener Pfeffer
1 EL gehackte Kräuter
(Dill, Schnittlauch, Petersilie)
Außerdem:
1 Mini-Muffin-Blech mit 12 Vertiefungen
1 EL Schnittlauchröllchen
Dillspitzen

Das Filoteigblatt vorsichtig auf der Arbeitsfläche auslegen und dünn mit zerlassener Butter bepinseln. Den Teig in Quadrate von 6 cm Kantenlänge schneiden. Die Muffinform mit zerlassener Butter auspinseln und weiterverfahren, wie rechts oben gezeigt.

Für die Füllung das Crabmeat gut abtropfen lassen. Die Paprikaschoten waschen, halbieren, Stielansätze, Samen und Scheidewände entfernen und das Fruchtfleisch in kleine Würfel schneiden. Die Frühlingszwiebeln waschen, putzen und in dünne Ringe schneiden. Die Chilischote waschen, halbieren, Stielansatz, Samen und Scheidewände entfernen und das Fruchtfleisch fein hacken. Den Knoblauch schälen und fein hacken. Alle vorbereiteten Zutaten mit dem Crabmeat vermengen.

Für die Sauce alle Zutaten gut verrühren und diese über die Crabmeat-Mischung geben. Die vorgebackenen Filoteig-Förmchen füllen, mit Schnittlauch bestreuen und mit Dill garnieren. Sofort servieren.

Filos mit Garnelenfüllung

1 Blatt Filoteig (48 x 36 cm, 40 g)
zerlassene Butter zum Bestreichen
Für die Füllung:
150 g Garnelen, geschält und gekocht
100 g rote Paprikaschote
30 g Frühlingszwiebeln, 1 Knoblauchzehe
1 kleine grüne Chilischote
Für die Salatsauce:
3 EL Sonnenblumenöl, Salz, 1 TL Limettensaft
2 EL helle Sojasauce, 1 TL Koriandergrün
Außerdem:
1 Mini-Muffinblech mit 12 Vertiefungen

Je 3 Filoteigquadrate in eine Muffin-Vertiefung legen und am Boden etwas andrücken, damit die Füllung hineinpasst.

Beim Einlegen der Blätter darauf achten, dass diese sich etwas überlappen und dabei die Teigecken nach oben stehen.

Den Teig bei 180 °C im vorgeheizten Ofen nach Sicht goldbraun backen. Das dauert 6 bis 8 Minuten. Vorsichtig herausheben.

Das Teigblatt auf eine Arbeitsfläche legen und dünn mit zerlassener Butter bepinseln. Den Teig in Quadrate von 6 cm Kantenlänge schneiden. Die Muffinform mit zerlassener Butter auspinseln. Mit trockenen Händen je 3 Filoteigquadrate in eine Vertiefung legen und am Boden etwas ausformen. Den Teig bei 180 °C im vorgeheizten Ofen nach Sicht 6 bis 8 Minuten goldbraun backen und die Filoschälchen vorsichtig herausheben.

Für die Füllung die Paprikaschote im vorgeheizten Ofen bei 220 °C backen, bis die Haut bräunt und Blasen wirft. Die Schote herausnehmen und in einer Plastiktüte »schwitzen« lassen, häuten und halbieren. Samen und Scheidewände entfernen und das Fruchtfleisch klein würfeln. Die Frühlingszwiebeln putzen und in dünne Ringe schneiden. Den Knoblauch schälen und fein hacken. Die Chilischote vom Stielansatz befreien, halbieren, die Samen und Scheidewände entfernen und das Fruchtfleisch fein würfeln.

Für die Sauce Sonnenblumenöl, Salz, Limettensaft und Sojasauce miteinander verrühren. Die Paprikawürfel, Frühlingszwiebelringe, Knoblauch, Chili, das gehackte Koriandergrün sowie die Garnelen in eine Schüssel füllen, mit der Sauce übergießen und im Kühlschrank zugedeckt 30 Minuten ziehen lassen. Herausnehmen und die Garnelen mit Salz und Pfeffer abschmecken. Die marinierten Garnelen erst kurz vor dem Servieren in die gebackenen Filoschälchen füllen, damit diese nicht durchweichen.

Mürbteigtorteletts und zarte Schälchen aus knusprigem Teig mit Fisch oder Gemüsesalat.

Köstlich gefüllt

Das Herstellen solch hauchdünner Schälchen aus Filoteig macht weniger Mühe, als man denkt. Der strudelähnliche Teig muss allerdings vorsichtig gehandhabt werden, damit die Spitzen nicht abbrechen. Die Mürbteigtorteletts können auch auf Vorrat gebacken und eingefroren oder in einer gut schließenden Weißblechdose kurze Zeit aufgehoben werden.

Filos mit Forelle und Meerrettichsahne

1 Blatt Filoteig (48 cm x 36 cm, 40 g)
etwas zerlassene Butter
Für die Füllung:
2 geräucherte Forellenfilets ohne Haut, je 120 g
200 ml Sahne
40 g frisch geriebener Meerrettich
Salz, frisch gemahlener Pfeffer
Außerdem:
1 Mini-Muffin-Blech mit 12 Vertiefungen
frisch gehobelter Meerrettich
Dillspitzen
Schale einer unbehandelten Zitrone, in Streifen

Das Teigblatt auf eine Arbeitsfläche legen und dünn mit zerlassener Butter bepinseln. Den Filoteig in 48 Quadrate von 6 cm Kantenlänge schneiden.

Das Muffinblech mit Butter auspinseln. Je 3 Teigquadrate so in eine Vertiefung des Muffinblechs einlegen, dass die Teigecken in die Höhe stehen. Den Teig am Boden mit den Fingern etwas festdrücken und bei 180 °C im vorgeheizten Ofen nach Sicht in 6 bis 8 Minuten hellbraun backen. Die filigranen Teigförmchen vorsichtig aus dem Blech lösen und etwas abkühlen lassen.

Für die Füllung die Forellenfiles in 3 x 2 cm große Stücke schneiden. Die Sahne steifschlagen, salzen und pfeffern. Den geriebenen Meerrettich unterheben und die Masse in einen Spritzbeutel mit Lochtülle Nr. 12 füllen.

Je 1 Tupfer Meerrettichsahne in die Förmchen spritzen und jeweils mit einem Stück Forellenfilet belegen und mit dem gehobelten Meerrettich, Dillspitzen und Zitronenzesten garnieren.

Torteletts, mit Gemüse gefüllt

Für den Mürbteig:
150 g Mehl, 75 g Butter, Salz, 1 kleines Eigelb
1 bis 2 EL kaltes Wasser nach Bedarf
Für den Salat:
80 g Möhre, 50 g Stangensellerie
30 g Petersilienwurzel, 60 g Zuckerschoten
80 g dünne grüne Bohnen
80 g ausgepalte Erbsen (250 g in der Schale)
30 g Schalotten, 100 g rote Paprikaschote
Für die Sauce:
80 g Mayonnaise, 1/2 TL mittelscharfer Senf
Salz, frisch gemahlener Pfeffer, Zitronensaft
1 EL Kräuter (Petersilie, Schnittlauch, Thymian)
Außerdem:
20 kleine Förmchen, Butter
1 eingelegte schwarze Trüffel, in Streifen

Die angegebenen Zutaten zu einem Mürbteig verarbeiten. Diesen in Folie einschlagen und 30 Minuten kühl ruhen lassen. Die Förmchen leicht fetten und nebeneinander stellen. Den Mürbteig dünn ausrollen, über die Förmchen legen, mit einem Rollholz darüber rollen und so den Teig an den Kanten abschneiden. Die Teigböden jeweils mit einer Gabel einstechen und die Torteletts bei 180 °C im vorgeheizten Ofen 10 bis 12 Minuten blindbacken.

Gemüse schälen oder putzen. Möhre, Sellerie und Petersilienwurzel klein würfeln, Zuckerschoten in Rauten, Bohnen in Stücke schneiden. Das vorbereitete Gemüse mit den Erbsen 5 bis 8 Minuten in Salzwasser garen. Abschrecken und abtropfen lassen. Die Schalotten schälen, wie den Paprika klein würfeln und untermischen. Alle Saucenzutaten verrühren und mit dem Gemüse vermischen. Den Gemüsesalat in die Förmchen füllen und mit Trüffelstreifen garnieren.

Eine Delikatesse aus Japan: Roher Fisch oder Meeresfrüchte auf leicht gesäuertem Reis.

Nigiri Sushi

Sushi-Reis

Für 8 Portionen
250 g Sushi-Reis, 2 EL Reisessig
1 gestrichener EL Zucker, 1 TL Salz

Den Sushi-Reis in einem Sieb unter fließendem kaltem Wasser abspülen, bis das Wasser klar abläuft und gut abtropfen lassen.

Den Reis mit 300 ml Wasser aufkochen, 2 Minuten kochen lassen, die Hitze reduzieren und den Reis zugedeckt bei geringer Hitze 10 Minuten ausquellen lassen. Den Deckel abnehmen, 2 Lagen Küchenpapier zwischen Topf und Deckel klemmen und den Reis noch 10 bis 15 Minuten abkühlen lassen.

In der Zwischenzeit Reisessig, Zucker und Salz zusammen aufkochen und wieder abkühlen lassen. Den Reis in eine Schüssel füllen, den Würzessig darüber träufeln und mit einem Holzspatel unterarbeiten, dabei aber nicht rühren. Bis zur weiteren Verwendung mit einem feuchten Tuch abdecken.

Nigiri-Sushi mit Tunfisch

Für 8 Stück
1/2 Rezept Sushi-Reis (siehe links)
1 Bund Schnittlauch
2 TL Wasabipulver
150 g frisches Tunfischfilet
Außerdem:
japanische Sojasauce, eingelegter Ingwer

Den Reis zubereiten, wie oben beschrieben. Schnittlauch waschen, kurz abtropfen lassen und trockentupfen. Das Wasabipulver mit 2 bis 4 TL Wasser zu einer cremigen Paste anrühren und quellen lassen.

Vom Tunfischfilet alle noch eventuell vorhandenen Gräten mit Hilfe einer Pinzette entfernen. Fransige Stellen glatt schneiden. Das Filet schräg zur Faser in 8 dünne Scheiben schneiden und mit Küchenpapier trockentupfen.

Eine Seite der Fischstücke hauchdünn mit Wasabipaste bestreichen. Mit angefeuchteten Händen jeweils 1 EL Sushi-Reis zu einem länglichen Klößchen formen. Die Fischstücke mit der bestrichenen Seite nach oben in die linke Handfläche legen. Ein Reisklößchen aufsetzen und sanft auf den Fisch drücken. Die Sushi umdrehen und in eine gleichmäßige Form

Die Tunfisch-Sushi werden mit japanischer Sojasauce und Wasabipaste zum Dippen gereicht und mit süßlich-scharf eingelegtem Ingwer serviert.

Sehr aromatisch schmecken diese Sushi mit frischen Kaltwasser-Garnelen.

drücken. Mit je zwei Schnittlauchhalmen garnieren und auf einer Platte anrichten. Sojasauce, die restliche Wasabipaste und den Ingwer dazu servieren.

Nigiri-Sushi mit Garnelen

Für 8 Stück
1/2 Rezept Sushi-Reis (siehe linke Seite)
8 rohe, ungeschälte Garnelenschwänze
Salz, 2 TL Wasabipulver
2 EL Reisessig, 2 TL Reiswein (Mirin)
Außerdem:
japanische Sojasauce
eingelegter Ingwer

Die Garnelenschwänze waschen und bei schwacher Hitze in siedendem Salzwasser 4 bis 5 Minuten garen. Herausnehmen und in Eiswasser abschrecken. Das Wasabipulver mit 3 bis 4 TL Wasser anrühren und quellen lassen.

Die Garnelen bis auf das Schwanzsegment aus den Schalen lösen. Vom Rücken her den dunklen Darm entfernen. Die Garnelen von der Bauchseite her aufschlitzen, aber nicht ganz – sie sollen auf beiden Seiten noch jeweils etwa 1 cm zusammenhängen.

Reisessig und Reiswein vermischen, die Garnelen darin wenden und 2 Minuten ziehen lassen. Herausheben, leicht abtupfen und die beiden Hälften zu einem Ring biegen. Die Innenseite hauchdünn mit Wasabipaste bestreichen.

Mit angefeuchteten Händen jeweils 1 EL Sushi-Reis zu einem Klößchen formen und die Oberseite leicht flach drücken. Die Garnelen auf die Reiskissen legen und behutsam festdrücken. Die Sushi mit Garnelen anrichten und mit der Sojasauce und der restlichen Wasabipaste zum Dippen sowie dem eingelegten Ingwer servieren.

Feinwürzig und leicht, haben diese Snacks aus Japan heute viele Freunde.

Maki-Sushi mit wildem Reis und Tofu

Die Basis aller Sushi-Gerichte ist ein spezieller japanischer Rundkornreis, der mit einem Gemisch aus Essig, Salz und Zucker versetzt wird. Bei dieser Art Sushi – Maki-Sushi genannt – umschließt der Reis eine Füllung und wird selbst mit Hilfe einer Bambusmatte in spezielle Algenblätter gewickelt.

Jeweils 1 Nori-Blatt auf der Bambusmatte ausbreiten und den gegarten und marinierten Klebreis darauf verteilen. Dafür die Hände in Essigwasser tauchen.

Den wilden Reis und die eingewickelten Tofustangen darauf legen. Mit Chilistreifen bestreuen. Die Bambusmatte anheben und mit ihrer Hilfe alles fest aufrollen.

Maki-Sushi mit Hilfe einer Bambusmatte aufrollen. Diese wieder entfernen, das Ende des Nori-Blattes mit Wasser befeuchten und festdrücken. Die Rolle in 1 cm breite Streifen schneiden und nach Belieben mit etwas Kavier garnieren.

Für 800 ml Dashi-Brühe:
20 g Kombu (Seetang), 30 g Bonitoflocken
Für die Sushi:
250 g Tofu, 2 EL helle Sojasauce
1 TL Limettensaft, Salz, frisch gemahlener Pfeffer
300 g japanischer Rundkornreis
100 g wilder Reis, über Nacht eingeweicht
300 ml Gemüsebrühe
4 EL Reisessig, je 1 1/2 TL Zucker und Salz
Außerdem:
Spinatblätter, Salz, frisch gemahlener Pfeffer
1 rote Chilischote (ohne Samen) in Streifen
4 Nori-Blätter (Meeralgen)
1 Bambusmatte, Beluga-Kaviar

Für die Dashi-Brühe den Seetang mit einem feuchten Tuch vom weißen Puder befreien. In 1 l kaltes Wasser legen und bei kleiner Hitze in 10 bis 15 Minuten aufkochen. Wenn Blasen aufsteigen, mit einem Fingernagel prüfen, ob der Tang weich ist. Herausnehmen und die Flüssigkeit mit 80 ml kaltem Wasser aufgießen. Die Bonitoflocken zufügen, erneut aufkochen. Sobald die Brühe kocht, den Topf vom Herd nehmen und warten, bis die Fischflocken abgesunken sind. Die Brühe durch ein Tuch seihen.

200 ml von der Dashi-Brühe abmessen, den Rest anderweitig verwenden oder tiefkühlen. Den Tofu für die Sushi in etwa 1 x 1 cm dicke Stangen schneiden. Die Brühe mit der Sojasauce und dem Limettensaft verrühren, salzen und pfeffern und in eine flache Form gießen. Die Tofustangen darin marinieren. Den Klebreis mehrmals waschen, bis das Wasser klar abläuft und gut abtropfen lassen. In einem Topf mit fest schließendem Deckel 360 ml Wasser und den Reis zum Kochen bringen, 2 Minuten kochen lassen, dann die Hitze reduzieren. Deckel auflegen und den Reis 15 Minuten garen. Vom Herd stellen, 2 Lagen Küchenpapier zwischen Topf und Deckel klemmen und den Reis noch 15 Minuten ausdampfen lassen. Inzwischen den eingeweichten wilden Reis in der Gemüsebrühe etwa 40 Minuten garen. Den Essig mit Zucker und Salz verrühen und erwärmen, bis sich der Zucker gelöst hat. Den Reis in ein flaches Gefäß füllen und die Essigmischung einarbeiten, dabei den Reis aber nicht umrühren. Den Spinat blanchieren, würzen und die Tofustreifen darin einwickeln. Nori-Blätter über offener Flamme hin- und herschwenken, bis sie sich dunkelgrün gefärbt haben und ein intensives Aroma entwickeln. Weiterverfahren, wie in den beiden Bildern links unten gezeigt.

Warme

Leckerbissen

Ob überbackene Austern – frisch aus dem Ofen – oder pikante Fleischbällchen direkt vom Grill: Aufgespießt auf Zahnstocher oder andere kleine Spießchen nimmt jeder die warmen Leckerbissen gern in die Hand. Aber auch Minipizzen, fein gefüllte Piroggen, Piroschki oder Empanadas eignen sich bestens zum Essen mit den Fingern.

Ob als Füllung von Pastetchen oder am Spieß gegrillt: Die feinen Meeresfrüchte kommen immer gut an.

Garnelen

Garnelen-Pastetchen

Selbstverständlich kann man die Pastetchen auch mit 750 g tiefgekühltem Blätterteig zubereiten.

Für den Quarkblätterteig:
250 g Mehl, 250 g Butter in Stücken
250 g trockener Quark, 1/2 TL Salz
1/4 TL frisch gemahlener weißer Pfeffer
frisch geriebene Muskatnuss

Für die Füllung:
50 g Frühlingszwiebeln, 1 Knoblauchzehe
80 g Zucchini, 100 g Paprikaschote
1/2 Chilischote, 3 EL Öl
1/2 TL Salz, frisch gemahlener weißer Pfeffer
2 TL süße Sojasauce
250 g kleine gekochte, geschälte Garnelen
Außerdem:
1 Eigelb, 1 EL Wasser, Sesamsamen

Das Mehl auf eine Arbeitsfläche sieben und in die Mitte eine Vertiefung drücken. Butter, Quark und Gewürze hineingeben, mit einer Gabel etwas zerdrücken und dabei etwas Mehl mit einarbeiten. Mit einem großen Messer alle Zutaten zu Krümeln hacken, bis das Mehl vollständig untergearbeitet ist. Alles mit den Händen rasch zu einem glatten Teig verkneten, zur Kugel formen und in Folie gewickelt 30 Minuten im Kühlschrank ruhen lassen.

Den Teig zu einer 1 cm dicken, 15 x 25 cm großen Platte ausrollen. Die kürzeren Seiten zur Mitte hin übereinanderschlagen und den Teig 30 Minuten kühl stellen. Den gesamten Vorgang – Ausrollen, Zusammenlegen und Kühlstellen – noch zweimal wiederholen.

Für die Füllung die Frühlingszwiebeln putzen, den Knoblauch schälen und beides fein hacken. Zucchini und Paprikaschoten putzen und in kleine Würfel schneiden. Das Fruchtfleisch der Chilischote hacken.

Das Öl erhitzen, Zwiebeln und Knoblauch darin hell anschwitzen. Das Gemüse zufügen und unter Rühren 2 bis 3 Minuten mitbraten. Mit Salz, Pfeffer und Sojasauce würzen. Die Garnelen untermischen, 1 bis 2 Minuten miterhitzen. Die Mischung vom Herd nehmen und abkühlen lassen.

Den Teig auf einer bemehlten Arbeitsfläche etwa 4 mm dick ausrollen. Mit einem runden Ausstecher

Eine raffinierte Art zu grillen: Zitronengrasstängel als »Spieße« aromatisieren die Garnelen sowohl in der Marinade als auch beim Garen.

von 9 cm Durchmesser 32 Teigkreise ausstechen. Auf die Hälfte der Kreise je 1 EL Füllung setzen. Eigelb und Wasser verrühren und die Teigränder damit bestreichen. Die restlichen Teigkreise auflegen und die Ränder gut andrücken. Die Oberflächen der Teigtaschen mit dem restlichen Eigelb bestreichen und mit Sesam bestreuen.

Die Teigtaschen auf ein Blech setzen und mit einer Gabel die Ränder einkerben. Die Garnelenpastetchen bei 190 °C im vorgeheizten Ofen in etwa 12 Minuten goldbraun backen.

Garnelen auf Zitronengras-Spießen

4 Stängel Zitronengras (Lemongrass)
16 rohe, geschälte Garnelen
Für die Marinade:
30 g Schalotten
2 Knoblauchzehen
2 bis 3 mittelscharfe Chilischoten
1 eingelegte Ingwerpflaume
1 EL dunkle Sojasauce, 3 EL Erdnussöl
1/4 TL grob zerstoßene Korianderkörner
1/4 TL frisch gemahlener weißer Pfeffer

Für die Marinade Schalotten und Knoblauch schälen und sehr fein hacken. Die Chilischoten von Samen und Scheidewänden befreien und das Fruchtfleisch sehr fein würfeln. Von der Ingwerpflaume den Sirup ablaufen lassen und den Ingwer in feine Würfel schneiden. Schalotten, Knoblauch, Chili und Ingwer mit Sojasauce, Öl, Koriander und Pfeffer zu einer Marinade verrühren.

Die Zitronengrasstängel der Länge nach halbieren. Die Garnelen mit einem spitzen Messer einstechen und jeweils 2 davon auf die halbierten Zitronengrasstängel spießen. Die Spieße nebeneinander in die Marinade legen, mindestens 1 Stunde darin durchziehen lassen und dabei mehrmals wenden.

Die Spieße aus der Marinade nehmen und diese ablaufen lassen. Die Garnelenspieße auf einem vorgeheizten Grill etwa 1 Minute auf jeder Seite garen.

Ein kühler Joghurt-Tomaten-Dip ergänzt die würzig gefüllten Teigtaschen perfekt.

Samosas

Das Falten der Teigtaschen ist nicht ganz einfach, darum empfiehlt es sich, zunächst eine »Trockenübung« mit einem Papierstreifen zu machen.

Für 14 bis 16 Stück
Für den Teig:
250 g Mehl, 1 TL Salz, 2 EL Öl
1/8 l warmes Wasser
Für die Füllung:
250 g mageres Lammfleisch, 100 g Zwiebeln
1 Knoblauchzehe, 1/2 rote Chilischote, 3 EL Öl
2 TL frisch geriebene Ingwerwurzel
1/2 TL gemahlener Koriander
2 TL Currypulver für Fleisch, 1 EL Zitronensaft
1/8 l Lamm- oder Kalbsfond, 1 EL Tomatenmark
1 EL gehackte Pfefferminzblätter
Für die Tomaten-Raita:
175 g Joghurt (3,5 % Fett), 20 g Zwiebel
60 g Tomatenfruchtfleisch,
Salz, frisch gemahlener Pfeffer
1 TL gehacktes Koriandergrün
1 Messerspitze gemahlener Kreuzkümmel
Außerdem:
1 Eiweiß, Pflanzenöl zum Frittieren
Koriandergrün zum Garnieren

Die Tomaten-Raita bietet einen interessanten Kontrast zu den knusprig frittierten Samosas. Für die richtige Konsistenz der Sauce ist entscheidend, dass der Joghurt kräftig aufgeschlagen wird, bevor man die übrigen Zutaten unterrührt.

Die Teigtaschen werden durch Falten der Teigstreifen hergestellt. Dazu jeweils auf einen kurzen Teigrand 1 TL Füllung setzen und die Kante diagonal darüber klappen. Den Teig so lange diagonal falten, bis der Streifen aufgebraucht ist. Das Ende mit Eiweiß bestreichen und gut festdrücken, damit die Tasche beim Frittieren nicht aufgeht.

Für den Teig das Mehl sieben, mit dem Salz vermischen und in die Mitte eine Mulde drücken. Das Öl und die Hälfte des Wassers hineingießen, verrühren und dabei immer mehr Mehl vom Rand untermischen. Alles zu einem glatten, geschmeidigen Teig verkneten, dabei nach und nach das restliche Wasser einarbeiten. Den Teig zur Kugel formen, in Folie wickeln und 2 Stunden kühl stellen.

Lammfleisch 1/2 cm groß würfeln. Zwiebeln schälen und fein hacken. Knoblauch schälen und zerdrücken. Chilischote von Stielansatz, Samen und Scheidewänden befreien, das Fruchtfleisch fein hacken.

Das Öl in einer Pfanne erhitzen und die Zwiebeln hell darin anschwitzen. Knoblauch, Chilistücke, Ingwer, Koriander, Currypulver und Zitronensaft kurz mitdünsten. Das Fleisch zufügen und unter Rühren anbraten. Den Fond angießen, alles zugedeckt bei schwacher Hitze schmoren, bis die Flüssigkeit verdampft ist. Das Tomatenmark kurz mitbraten und die Minze untermischen. Die Füllung abkühlen lassen.

Für die Tomaten-Raita den Joghurt kräftig aufschlagen. Zwiebel schälen und wie das Fruchtfleisch der Tomaten fein würfeln. Beides mit den restlichen Zutaten unter den Joghurt rühren.

Den Teig kurz durchkneten und auf einer leicht bemehlten Arbeitsfläche zu einer Platte von 40 x 42 cm dünn ausrollen. Streifen von 6 x 20 cm ausschneiden und die Teigtaschen herstellen, wie in dem Bild unten links gezeigt.

Das Pflanzenöl in einer hohen Pfanne oder Fritteuse auf 180 °C erhitzen und die gefüllten Teigtaschen portionsweise darin 2 bis 3 Minuten schwimmend ausbacken, bis sie goldgelb sind. Herausnehmen und auf Küchenpapier abtropfen lassen. Die Täschchen mit der Tomaten-Raita anrichten und mit etwas Koriandergrün garnieren.

Ob mit Speck oder Mozzarella: die Basis ist für beide Füllungen Ricotta.

Frittierte Käsetaschen

Die Hülle der Käsetaschen ist aus Hefeteig, der sich beim Ausbacken schön aufbläht. Damit die Füllung nicht ausläuft, muss man bei beiden Rezepten darauf achten, die Ränder jeweils gut festzudrücken.

Je 1 TL der Mozzarella-Füllung in die Mitte der 24 Teigkreise von je 8 cm Durchmesser platzieren.

Auf die Mozzarella-Füllung jeweils 1 kleines Basilikumblättchen legen und die Ränder mit Eigelb bestreichen.

Die Teigtaschen im 180 °C heißen Öl in 3 bis 4 Minuten unter Wenden ausbacken.

Für 24 runde und 24 halbmondförmige Taschen
Für den Teig:
450 g Mehl, 30 g frische Hefe
5 EL lauwarmes Wasser, 1 EL Zucker, 3 Eier
1 EL Salz, 50 g weiche Butter
Für die Mozzarella-Ricotta-Füllung:
125 g Mozzarella, 125 g Ricotta, 2 Eigelbe
1 EL gehacktes Basilikum, 30 g Weißbrotbrösel
Salz, frisch gemahlener Pfeffer
24 Basilikumblättchen
Für die Speck-Ricotta-Füllung:
100 g durchwachsener Räucherspeck
100 g Zwiebeln, 1 EL Olivenöl
1 EL gehackte Petersilie, 150 g Ricotta
Salz, frisch gemahlener Pfeffer
Außerdem:
1 Eigelb, mit 2 EL Wasser verquirlt
Pflanzenöl zum Frittieren

Das Mehl sieben. Die Hefe in dem Wasser auflösen und mit Zucker, Eiern, Salz und Butter zugeben. Alles zu einem glatten, elastischen Teig verkneten. Zugedeckt an einem warmen Ort etwa 30 Minuten gehen lassen. Für die Mozarella-Füllung den Mozzarella im Mixer pürieren. In einer Schüssel mit Ricotta, Eigelben, Basilikum und Brotbröseln vermischen, salzen und pfeffern. Für die Speck-Füllung den Speck klein würfeln. Die Zwiebeln schälen und fein hacken. Öl erhitzen und die Zwiebeln darin hell anschwitzen. Den Speck 3 bis 4 Minuten mitbraten, die Petersilie unterrühren, abkühlen lassen. Ricotta untermischen, salzen und pfeffern. Den Teig halbieren. Beide Teighälften auf einer bemehlten Arbeitsfläche zu 2 mm dünnen Platten ausrollen. Aus der einen 24 Kreise von je 8 cm Durchmesser ausstechen. Mit Mozzarella-Füllung belegen, wie in den beiden ersten Steps oben links gezeigt. Die mit Eigelb bestrichenen Kreise zusammenklappen. Mit einem kleineren, umgedrehten Ausstecher von 6 cm Durchmesser den Rand gut andrücken. Die Taschen noch 10 Minuten gehen lassen und ausbacken, wie im letzten Bild gezeigt. Aus der zweiten Platte 48 Kreise von je 6 cm Durchmesser ausstechen. Auf der Hälfte davon je 1 TL Speckfüllung verteilen, die Ränder mit Eigelb bestreichen, die übrigen Kreise daraufsetzen, die Ränder gut festdrücken. Die Gebäckstücke 10 Minuten gehen lassen. Ebenfalls im 180 °C heißen Öl in 3 bis 4 Minuten ausbacken.

Gehackte Minze verleiht den Meeresfrüchten einen wunderbar frischen Geschmack.

Gefüllte Garnelen im Teig

Frühlingsrollenblätter lassen sich auf die unterschiedlichsten Arten füllen. Und egal in welche Form sie gerollt oder gefaltet werden, das Ergebnis ist nach dem Frittieren immer ein luftig-krosser Teigmantel. Hier umhüllt er – zur Tüte gerollt – köstliche Garnelen mit einer deftigen Farce belegt. Der Ingwer darin gibt diesem Snack den asiatischen Touch.

24 Garnelenschwänze (Größe 16/20)
Für die Füllung:
80 g Bohnensprossen
2 Knoblauchzehen
150 g Schweinefleisch
80 g Frühlingszwiebeln
1 EL Öl
1 TL feingehackter Ingwer
Salz, frisch gemahlener Pfeffer
2 EL gehackte Minze

Zarte Meeresfrüchte sollten beim Garen nicht zu lange großer Hitze ausgesetzt sein; mit ein Grund, weshalb sie sich zum fixen Ausbacken im Teigmantel so gut eignen.

Die Teigblätter halbieren und die Kanten mit Eiweiß bestreichen. Die Garnele links auflegen – der Schwanzfächer liegt etwa in der Mitte – und die Füllung darauf verteilen.

Das Frühlingsrollenblatt links beginnend zu einer Tüte aufrollen. Die auf einer Seite offenen Teigränder umklappen. Mit einem feuchten Tuch bedeckt bis zum Frittieren kalt stellen.

Außerdem:
12 runde Frühlingsrollenblätter (20 cm Durchmesser)
1 Eiweiß, leicht verschlagen
Außerdem:
Pflanzenöl zum Ausbacken

Alle Garnelen bis auf das Schwanzsegment schälen und jeweils den Darm entfernen; 16 davon zu »Schmetterlingen« weiterverarbeiten. Dafür die Garnelen von der Rückseite her bis kurz vor den Schwanzfächer durchtrennen.

Für die Füllung die restlichen geschälten Garnelen klein hacken. Die Bohnensprossen blanchieren, abtropfen lassen und in etwa 2 cm lange Stücke schneiden. Die Knoblauchzehen schälen und fein

hacken. Das Schweinefleisch in kleine Würfelchen schneiden. Die Frühlingszwiebeln putzen und in dünne Scheiben schneiden.

Das Öl in einer Pfanne oder im Wok leicht erhitzen und Ingwer und Knoblauch darin anschwitzen. Fleisch und Zwiebeln zufügen und anbraten. Die gehackten Garnelen zufügen und unter Rühren rosa braten. Salzen, pfeffern und die Mischung abkühlen lassen. Die Bohnensprossen sowie die gehackte Minze einrühren. Die Garnelen belegen und in die Teigblätter einrollen, wie in den beiden Steps links unten gezeigt.

Zum Ausbacken der Garnelen das Öl im Wok oder in der Fritteuse auf 180 °C erhitzen. Die eingepackten Garnelen portionsweise je 3 Minuten darin schwimmend ausbacken. Mit einem Schaumlöffel herausheben und auf mehreren Lagen Küchenpapier gut abtropfen lassen.

Die knusprig ausgebackenen Garnelen sofort servieren; sie schmecken heiß am besten. Zum anschließenden Säubern der Finger ausreichend Servietten oder eine Schüssel mit Zitronenwasser oder beides bereit stellen.

Eine große Auswahl original asiatischer Produkte ist mittlerweile auch bei uns im Angebot – in speziellen Asienläden, aber auch schon in so manchem Supermarkt.

Teigblätter umhüllen eine delikate Farce mit Garnelen, Pilzen und Bohnensprossen.

Prawn rolls

Für die Füllung benötigt man Blumenpilze, englisch »flower mushrooms«, die es in gut sortierten Asienläden gibt. Ersatzweise können frische Shiitake-Pilze verwendet werden, die man beim Putzen von den harten Stielen befreien muss.

Für die Garnelen-Pilz-Füllung:
2 Knoblauchzehen
50 g thailändische rote Zwiebelchen
10 g frische Galgantwurzel
2 rote Chilischoten
80 g Blumenpilze
5 g Zitronengras
50 g frische Bohnensprossen
300 g rohe, geschälte Garnelen
5 EL Erdnussöl
3 EL helle Sojasauce, 2 EL Fischsauce
Salz, frisch gemahlener Pfeffer, nach Belieben
5 Blätter Thai-Basilikum, fein gehackt
Für die Chilisauce:
1 Knoblauchzehe, 20 g Frühlingszwiebel
1 rote Chilischote, in Ringen
10 EL helle Sojasauce
Außerdem:
8 Lauchstreifen (3 mm breit, 40 cm lang)
8 Frühlingsrollenblätter von 21,5 x 21,5 cm
1 Eiweiß
Pflanzenfett zum Frittieren

Den Knoblauch, die Zwiebelchen und den Galgant schälen. Den Knoblauch und den Galgant fein hacken und die Zwiebeln in feine Scheiben schneiden. Die Chilischoten halbieren, von Stielansätzen, Samen und Scheidewänden befreien und fein würfeln. Die Pilze putzen und die Hüte in dünne Scheiben schneiden. Das Zitronengras fein schneiden. Die Bohnensprossen verlesen. Die Garnelen abbrausen, gut abtropfen lassen und klein würfeln.

In einem Wok 2 EL Öl erhitzen. Die Galgant-, Knoblauch- und Chiliwürfel mit den Zwiebelscheiben und dem Zitronengras unter Rühren kurz darin braten. Die Bohnensprossen und die Pilze 1 Minute mitbraten. Herausnehmen und beiseite stellen.

Das restliche Öl im Wok erhitzen und die Garnelen darin 2 Minuten unter ständigem Rühren braten. Das Gemüse wieder zufügen und untermischen. Die Soja- und die Fischsauce einrühren, nach Belieben salzen und pfeffern. Das Basilikum zufügen und alles auskühlen lassen.

Den Lauch blanchieren und abtropfen lassen. Die Teigblätter auf der Arbeitsfläche auslegen und jeweils etwas Füllung in die Mitte setzen. Die Teigränder mit Eiweiß bestreichen und die Füllung so einschlagen, dass kleine Päckchen entstehen. Darauf achten, dass die Füllung nicht austreten kann. Jedes Päckchen mit 1 Lauchstreifen zubinden.

Für die Sauce den Knoblauch schälen und fein hacken. Die Frühlingszwiebel putzen und in feine Ringe schneiden. Die Chili- und die Zwiebelringe mit dem Knoblauch und der Sojasauce verrühren.

Das Fett in der Fritteuse auf 180 ° C erhitzen und die Päckchen darin schwimmend ausbacken. Herausnehmen, abtropfen lassen und servieren. Die Sauce separat dazu reichen.

Eine erfrischende Sauce aus saurer Sahne, verrührt mit frischen Kräutern, Zwiebeln, Knoblauch und Paprika, ergänzt die deftigen Piroggen ganz hervorragend.

Reichlich Wintergemüse gesellt sich in den herzhaften Hefeteigtaschen zum würzigen Fleisch.

Piroggen mit Wildfüllung

Für die Füllung eignet sich das Fleisch von Hirsch oder Reh. Exquisit schmecken die Teigtaschen aber auch mit dem helleren, aromatischen Elchfleisch – es ist aber leider nicht sehr häufig im Angebot.

Für etwa 16 Stück
Für den Hefeteig:
450 g Mehl, 3/4 TL Salz
1/2 Würfel frische Hefe (20 g)
1 Ei, 1 Eigelb, 2 bis 3 TL Pflanzenöl
Für die Wildfüllung:
250 g Wildfleisch
40 g Zwiebel, 50 g Knollensellerie
50 g Möhre, 40 g Lauch, 120 g Weißkohl
2 EL Pflanzenöl
Salz, frisch gemahlener Pfeffer
edelsüßes Paprikapulver
100 ml Wildfond, 1 Eigelb
Für die Sahnesauce:
20 g Zwiebel, 1 Knoblauchzehe
40 g rote Spitzpaprikaschote
200 g saure Sahne
2 EL gehackte Kräuter (Liebstöckel, Schnittlauch und Borretsch)
Salz, frisch gemahlener Pfeffer
edelsüßes Paprikapulver
Außerdem:
1 Eigelb,1 EL Milch, Butter oder Öl für das Blech

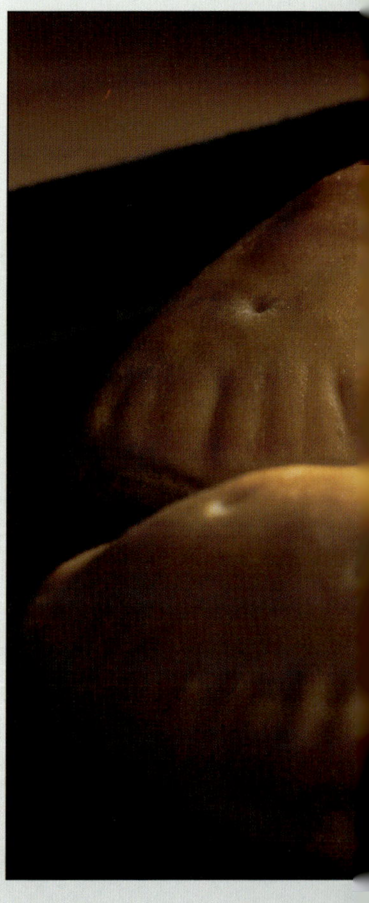

Vor dem Backen sollte man die Piroggen mit einem Holzstäbchen mehrmals einstechen, damit der Teig gleichmäßig aufgeht.

Für den Teig das Mehl sieben und das Salz untermischen. Die Hefe in etwa 190 ml lauwarmem Wasser auflösen und mit Ei, Eigelb sowie Öl unter das Mehl mischen. Alles zu einem geschmeidigen Teig verarbeiten, zudecken und gehen lassen, bis er sein Volumen verdoppelt hat.

Fleisch klein würfeln. Zwiebel, Sellerie und Möhre schälen, den Lauch putzen und alles klein würfeln. Weißkohl in feine Streifen schneiden oder hobeln.

Das Öl erhitzen und das Fleisch darin rundum anbraten. Das Gemüse unter Rühren mitschwitzen. Mit Salz, Pfeffer und Paprikapulver würzen. Fond zugießen und alles bei mittlerer Hitze 10 bis 15 Minuten köcheln lassen, bis die Flüssigkeit eingekocht ist. Die Pfanne zur Seite ziehen und das Fleisch auskühlen lassen. Das Eigelb unterrühren.

Den Teig auf einer bemehlten Arbeitsfläche etwa 5 mm dick ausrollen und Kreise von 10 cm Durchmesser ausstechen. Die Füllung darauf verteilen, dabei jeweils einen Rand freilassen. Eigelb mit Milch verquirlen und die Ränder damit bestreichen. Den Teig jeweils zur Hälfte über die Füllung schlagen und die Ränder erst mit den Fingern, dann mit einer Gabel gut andrücken. Ein Blech fetten. Die Piroggen daraufsetzen, zudecken und 30 Minuten an einem warmen Ort gehen lassen, bis sich ihr Volumen deutlich vergrößert hat. Die Oberflächen der Teigtaschen mit dem restlichen Eigelb bestreichen. Die Piroggen bei 180 °C im vorgeheizten Ofen etwa 20 Minuten backen. Herausnehmen.

Für die Sauce Zwiebel und Knoblauch schälen und fein hacken. Das Fruchtfleisch der Paprikaschote klein würfeln. Die Sahne glattrühren und alle vorbereiteten Zutaten und Kräuter untermischen. Würzen.

Gut zu einem Glas Wein schmeckt dieses pikante Gebäck, das mit tiefgekühltem Blätterteig schnell herzustellen ist.

Blätterteig-Fleischtäschchen

Für 30 Stück
15 quadratische Scheiben tiefgekühlter Blätterteig
Für die Füllung:
25 g durchwachsener, geräucherter Speck
50 g Zwiebel, geschält
je 25 g Knollensellerie und Möhre, geputzt
1 grüne Chilischote
1/2 Knoblauchzehe
1 EL Olivenöl
1 EL Tomatenmark
2 cl trockener Sherry
1/8 l Fleischbrühe, Salz
2 TL edelsüßes Paprikapulver
200 g Hackfleisch (Rind und Schwein gemischt)
1 Eigelb, 1 EL gehackte Petersilie
Außerdem:
Mehl für die Arbeitsfläche
1 Eigelb, 2 EL Milch
Backpapier für das Blech
schwarze Sesamsamen, grobes Salz

Den Blätterteig auf einer leicht bemehlten Arbeitsfläche auftauen lassen.

Für die Füllung den Speck fein würfeln. Zwiebel, Knollensellerie und Möhre in kleine Würfel schneiden. Die Chilischote waschen, Stielansatz, Samen und Scheidewände entfernen und das Fruchtfleisch fein würfeln. Den Knoblauch schälen und zerdrücken. Öl erhitzen und den Speck darin anschwitzen. Zwiebel-, Sellerie- und Möhrenwürfel sowie den Knoblauch mitschwitzen. Tomatenmark und Sherry einrühren, alles bei starker Hitze 2 Minuten braten. Mit der Brühe aufgießen. Chiliwürfel, Salz und Paprikapulver einrühren und alles bei mäßiger Hitze reduzieren, bis die Mischung relativ trocken ist. In eine Schüssel füllen, leicht abkühlen lassen.

Hackfleisch, Eigelb und Petersilie unter die Speck-Gemüse-Mischung arbeiten und die Mischung erneut Salz und Paprikapulver abschmecken.

Das Eigelb mit der Milch verquirlen. Die Blätterteigquadrate halbieren und die Ränder mit dem verquirltem Eigelb bestreichen. Je 1 TL Füllung in die Mitte setzen, den Teig vorsichtig zu Täschchen zusammenklappen, die Ränder dabei fest andrücken und mit einer Gabel eindrücken. Die Täschchen auf ein mit Backpapier ausgelegtes Blech legen und 20 Minuten im Kühlschrank ruhen lassen.

Die Täschchen mit dem restlichen verquirlten Eigelb bestreichen. Mit Sesam und grobem Salz bestreuen. Bei 200 °C im vorgeheizten Ofen nach Sicht goldbraun backen.

Die Fleischtaschen können statt mit schwarzem Sesam auch mit hellen Sesamsamen, Kümmel oder Mohn bestreut werden. Das grobe Salz sollte aber auf jeden Fall dabei sein.

Unzählige Chilisorten werden auf mexikanischen Märkten verkauft. Sie unterscheiden sich nicht nur im Aussehen, sondern jeweils auch in Geschmack und Schärfe.

Eine Spezialität von der Ostküste Mexikos, serviert mit einer feurigen Tomatensauce.

Empanadas mit Garnelen

Das für dieses Rezept verwendete Maismehl wird aus geschälten, weißen Maiskörnern hergestellt, die zuvor in warmem, kalkhaltigem Wasser eingeweicht wurden. Man bekommt es in Mexiko-Spezialläden. Für die Schärfe von Füllung und Sauce sorgen »Jalapeño«-Chilis. Wer's nicht ganz so pikant liebt, entfernt vor der Weiterverarbeitung vorsichtshalber die schärfetragenden Samen und Scheidewände.

Für 12 bis 14 Stück
350 g Masa harina (mexikanisches Maismehl)
1/2 TL Salz
1 TL edelsüßes Paprikapulver
4 EL Pflanzenöl, 300 bis 350 ml Wasser

Für die Füllung:
150 g Garnelen, geschält und gekocht
40 g weiße Zwiebel, 4 Knoblauchzehen
100 g Tomaten, 1 Jalapeño-Chili
4 EL Öl, 1 TL gemahlener Piment
1 TL getrockneter Oregano, Salz
Für die Salsa Mexicana:
400 g Tomaten, 100 g Zwiebeln
2 Jalapeño-Chilis, 2 EL gehacktes Koriandergrün
Salz, 2 TL Limettensaft
Außerdem:
Öl zum Frittieren

Mehl mit Salz und Paprikapulver würzen. Öl und so viel Wasser nach und nach einarbeiten, dass ein glatter Teig entsteht. Diesen 1 Stunde ruhen lassen.

Die Garnelen fein hacken. Zwiebel und Knoblauch schälen, Zwiebel fein hacken, Knoblauch durch eine Presse drücken. Tomaten blanchieren, häuten, Stielansätze und Samen entfernen und das Fruchtfleisch in sehr feine Würfel schneiden. Die Chilischote klein schneiden. Das Öl erhitzen und die Zwiebel sowie den Knoblauch darin anschwitzen. Garnelen, Tomaten- und Chiliwürfel zufügen und würzen. Alles dünsten, bis die Flüssigkeit verdampft ist.

»Hot« im doppelten Sinn, so sollen die Empanadas sein: ordentlich scharf und heiß serviert. Dazu passt sehr gut ein mexikanisches Bier.

Für die scharfe Sauce die Tomaten blanchieren, häuten, halbieren, die Samen entfernen und das Fruchtfleisch grob würfeln. Die Zwiebeln schälen, die Chilischoten vom Stielansatz befreien und beides fein hacken. Die vorbereiteten Zutaten mischen und mit Koriandergrün, Salz und Limettensaft würzen.

Den Teig kurz durchkneten und in 12 Stücke teilen. Jeweils zwischen Klarsichtfolie ausrollen und Kreise von 10 cm Durchmesser ausstechen. Die Teigreste erneut ausrollen. Auf jeweils 1 Teighälfte 1 EL Füllung geben, die andere Teighälfte darüberklappen und den Rand festdrücken. Mit einem Messerrücken am Rand einkerben.

Reichlich Öl in einer Pfanne oder einer Fritteuse auf 180 °C erhitzen und die Empanadas darin in 3 bis 5 Minuten goldbraun ausbacken. Herausheben und gut abtropfen lassen. Die Empanadas sofort servieren und die Sauce dazu reichen.

Klein, aber oho! Die knusprige Teighülle verbirgt ein unglaublich aromatisches »Innenleben«: Salbeiblätter und luftgetrockneten Schinken.

Eine ausgefallene, hübsche Idee zum Aperitif: In einer Teighülle ausgebackene Kräuter.

Würzige Blätter

Frittierte Salbeiblätter

20 g große Salbeiblätter mit Stiel
20 dünn geschnittene Scheiben luftgetrockneter Schinken (etwa Parma, San Daniele, Serrano), 10 cm lang und 4 cm breit
Für den Ausbackteig:
50 g Mehl, 1 Ei, 3 EL Milch
Salz, frisch gemahlener Pfeffer
Außerdem:
Pflanzenöl zum Ausbacken

Die Salbeiblätter waschen, mit Küchenpapier trockentupfen und mit jeweils einer Scheibe Schinken umwickeln.

Alle Teigzutaten gut miteinander verrühren und den Teig durch ein Sieb passieren, falls sich Klümpchen gebildet haben sollten.

Nicht nur die Blätter, sondern auch die attraktiven blauen Blüten des Borretsch machen sich knusprig ausgebacken sehr gut.

Das Öl auf 180 °C erhitzen. Die umwickelten Blätter nacheinander in den Teig tauchen und im heißen Öl goldgelb ausbacken. Herausheben und auf Küchenpapier abtropfen lassen. Heiß servieren.

Frittelle di borragine

200 g Borretschblätter
Für den Ausbackteig:
100 g Mehl, 2 Eier
6 EL Milch, 1/2 TL Salz
1/4 TL frisch gemahlener weißer Pfeffer
Für die Paprikasauce:
300 g rote Paprikaschoten
1 kleine rote Peperoni
1 Knoblauchzehe
1 TL Limettensaft, Salz
1 TL edelsüßes Paprikapulver
1/4 TL frisch gemahlener weißer Pfeffer
Außerdem:
Öl zum Frittieren
grobes Salz

Aus den angegebenen Zutaten einen glatten Teig rühren. Durch ein feines Sieb passieren, falls sich Klümpchen gebildet haben sollten. Die Borretschblätter waschen und trockentupfen.

Für die Sauce die Paprikaschoten im vorgeheizten Ofen bei 220 °C backen, bis die Haut Blasen wirft. Herausnehmen und in einer Plastiktüte oder unter einem feuchten Tuch »schwitzen« lassen. Die Haut abziehen. Paprikaschoten und Peperoni halbieren, Stielansätze, Samen und Scheidewände entfernen. Eine Hälfte der Paprikas sehr klein würfeln, den Rest im Mixer fein pürieren, Peperoni fein hacken. Knoblauch schälen und fein hacken. Paprikawürfel und -püree mit Limettensaft, Peperoni, Knoblauch, Salz, Pfeffer und Paprikapulver mischen.

Das Öl auf 180 °C erhitzen, die Blätter nacheinander in den Teig tauchen und im heißen Öl frittieren. Auf Küchenpapier abtropfen lassen und mit Salz bestreuen. Die Sauce separat dazu servieren.

Frisch aus dem Ofen schmecken solche Piroschki am besten. Man kann sie jedoch ohne weiteres auch einfrieren und vor dem Verzehr noch einmal im Ofen aufbacken.

Goldgelb gebackene Teigtaschen, delikat gefüllt mit Räucherlachs und Dill.

Piroschki

Solche pikanten Hefeteigtaschen sind das traditionelle Fast food in Russland – als herzhafter Imbiss für zwischendurch werden sie dort überall angeboten und aus der Hand verzehrt. Was das »Innenleben« angeht, so ist man keineswegs festgelegt; beliebt für »Alltags-Piroschki« sind gekochte Kartoffeln, Weißkraut oder Pilze. Aber wie auch immer, Zwiebeln gehören als Würze unbedingt dazu. Und so dürfen sie auch bei der hier vorgeschlagenen köstlichen Variante nicht fehlen.

Für 15 Teigtaschen
Für den Hefeteig:
375 g Weizenmehl Type 550
1 TL Salz
30 g frische Hefe
jeweils knapp 70 ml lauwarme Milch und lauwarmes Wasser, gemischt
60 g weiche Butter
1 Ei
Für die Füllung:
50 g Zwiebel
250 g Räucherlachs
1 EL frisch gehackter Dill
frisch gemahlener Pfeffer
Salz nach Belieben
Außerdem:
1 Eigelb, 1 EL Milch
Fett für das Blech

Für den Teig das Mehl in eine Schüssel sieben und mit dem Salz vermischen. Die Hefe in der Milch-Wasser-Mischung unter Rühren auflösen. Hefelösung, Butter und das Ei zum Mehl geben und alles zu einem geschmeidigen Teig verkneten. Zu einer Kugel formen, mit einem sauberen Tuch abdecken und an einem warmen Ort etwa 30 Minuten gehen lassen.

Für die Füllung die Zwiebel schälen und fein würfeln. Den Lachs in Streifen schneiden und mit Zwiebeln und Dill mischen. Pfeffern und nach Belieben salzen.

Den Teig durchkneten, auf einer bemehlten Arbeitsfläche 5 mm dick ausrollen und Kreise von 10 cm Durchmesser ausstechen. Die Füllung darauf verteilen. Das Eigelb mit der Milch verquirlen und die Teigränder damit bestreichen. Die Teigtaler zu Halbkreisen zusammenklappen und die Ränder erst mit den Fingern, dann mit einer Gabel gut andrücken.

Die Piroschki auf ein gefettetes Blech setzen und erneut 30 bis 40 Minuten gehen lassen, bis sich ihr Volumen deutlich vergrößert hat. Die Oberflächen mit dem restlichen Eigelb bestreichen. Die Piroschki bei 180 °C im vorgeheizten Ofen in etwa 20 Minuten goldgelb backen.

Fruchtige Tomatensauce, würzige Salami und aromatische Kräuter sind der Belag dieser handlichen Pizzen.

Minipizzen

Für 24 Stück
Für den Hefeteig:
300 g Mehl, 1/2 Würfel frische Hefe (20 g)
1/8 l lauwarmes Wasser
2 EL Olivenöl, 1/2 TL Salz
Für die Tomatensauce:
500 g Tomaten, 100 g Zwiebeln
1 Knoblauchzehe
4 EL Olivenöl
2 EL Tomatenmark
1/2 TL Salz, frisch gemahlener weißer Pfeffer
Für den Belag:
150 g gelbe Paprikaschote
100 g weiße Zwiebeln
50 g schwarze Oliven ohne Stein
2 grüne Peperoni
250 g italienische Salami, in dünne Scheiben geschnitten
2 EL gehackte Kräuter (Petersilie, Basilikum, Thymian, Oregano, Rosmarin)
100 g frisch geriebener Greyerzer
Außerdem:
Öl für die Bleche
Mehl für die Arbeitsfläche

Für den Teig das Mehl in eine Schüssel sieben und in die Mitte eine Mulde drücken. Die Hefe hineinbröckeln, mit dem Wasser auflösen und dabei etwas Mehl vom Rand mit untermischen. Den Ansatz mit Mehl bestauben, die Schüssel mit einem Küchentuch bedecken und den Teig an einem warmen Ort gehen lassen, bis die Oberfläche Risse zeigt. Öl und Salz zum Vorteig geben und alles zu einem glatten Teig verkneten. Den Teig zu einer Kugel formen und erneut zugedeckt gehen lassen, bis er das Doppelte seines Volumens erreicht hat.

In der Zwischenzeit für die Sauce die Tomaten blanchieren, häuten, vierteln, die Samen entfernen und das Fruchtfleisch in feine Würfel schneiden. Zwiebeln und Knoblauch schälen und fein hacken. Das Öl erhitzen, Zwiebeln und Knoblauch darin anschwitzen. Das Tomatenmark einrühren, die Tomaten zufügen und die Sauce bei mittlerer Hitze etwas einkochen lassen. Mit Salz und Pfeffer würzen.

Für den Belag die Paprikaschoten von Stielansätzen, Samen und Scheidewänden befreien und das Fruchtfleisch würfeln. Die Zwiebeln schälen, längs halbieren und in dünne Scheiben schneiden. Die Oliven halbieren. Peperoni vom Stielansatz befreien, das Fruchtfleisch in Ringe schneiden und dabei die Samen entfernen.

Zwei Bleche mit etwas Öl ausstreichen. Den Teig noch einmal durchkneten, auf einer bemehlten Arbeitsfläche etwa 5 mm dick ausrollen und Kreise von 8 cm Durchmesser ausstechen. Die Teigkreise auf die Bleche legen, an einigen Stellen mit einer Gabel einstechen und 10 Minuten gehen lassen.

Die Sauce auf die Fladen verteilen und mit Paprika, Zwiebeln, Salami, Oliven und Peperoni belegen. Mit den Kräutern und dem Käse bestreuen. Die Pizzen bei 200 °C im vorgeheizten Ofen etwa 15 Minuten backen.

Üppig belegt und würzig: Diese bunte Pizzen sind Bissen für Bissen ein Genuss. Der Belag lässt sich selbstverständlich variieren – beispielsweise mit gekochtem Schinken oder mit Tunfisch.

Goldgelb gebacken und frisch aus dem Ofen schmecken diese zarten kleinen Käseschnecken am besten.

Ob mit Blätter- oder asiatischem Frühlingsrollenteig: bei solchem Knuspergebäck greift jeder gern zu.

Mit Käse gefüllt

Käseteilchen

Wie sich mit wirklich nur wenig Aufwand leckeres Blätterteiggebäck zaubern lässt, zeigt das folgende Rezept. Was den Käse angeht, so kann man ohne weiteres auch zu anderen Sorten als dem vorgeschlagenen Emmentaler greifen – beispielsweise zu mittelaltem Gouda.

Für etwa 64 Stück
4 quadratische Scheiben tiefgekühlter Blätterteig
80 g frisch geriebener Emmentaler
2 EL Schnittlauchröllchen
frisch gemahlener Pfeffer
edelsüßes Paprikapulver
Außerdem:
1 Eigelb, 1 EL Wasser
Mehl für die Arbeitsfläche

Die Blätterteigscheiben auftauen lassen. Auf einer leicht bemehlten Arbeitsfläche zu Quadraten von 20 cm Kantenlänge ausrollen.

Das Eigelb mit dem Wasser verquirlen und die Teigquadrate damit bestreichen. Jedes Quadrat mit 20 g Käse und einem Viertel des Schnittlauchs bestreuen, dabei oben und unten einen 1 cm breiten Rand frei lassen. Mit Pfeffer und Paprikapulver würzen.

Die Teigplatten aufrollen. Jede Teigrolle quer in 16 Scheiben schneiden und auf ein mit Backpapier ausgelegtes Blech legen. Die Teigstücke im Kühlschrank zugedeckt 30 Minuten ruhen lassen.

Die gefüllten Teigrollen bei 200 °C im vorgeheizten Ofen in 10 bis 12 Minuten hellbraun backen.

Dreierlei Käse, Parmaschinken und aromatische Kräuter verbergen sich in den kross frittierten Röllchen.

Knusprige Käseröllchen

Zu den Röllchen mit der zart schmelzenden Füllung kann man verschiedene Saucen zum Dippen reichen. Eine chilischarfe kalte Tomatensauce passt beispielsweise ganz prima.

24 Frühlingsrollen-Teigblätter (12,5 x12, 5 cm)
Für die Füllung:
100 g Champignons
1 EL Olivenöl
80 g Frühlingszwiebeln
1 Knoblauchzehe
100 g Parmaschinken
3 Eier, 150 g Ricotta
180 g Greyerzer, 100 g Parmesan
100 g Tomatenfruchtfleisch, in kleine Würfel geschnitten
fein gehackter Thymian und Rosmarin
Salz, frisch gemahlener Pfeffer
Außerdem:
1 Eiweiß, Pflanzenöl zum Frittieren

Für die Füllung die Champignons putzen und in kleine Würfel schneiden. Das Öl erhitzen und die Pilze darin anschwitzen. Die Frühlingszwiebeln putzen und in dünne Ringe schneiden. Den Knoblauch schälen und fein hacken. Den Schinken in ganz feine Würfel schneiden. Die Eier verquirlen. Den Ricotta mit einer Gabel etwas zerdrücken, den Greyerzer klein würfeln und den Parmesan fein reiben.

Die drei Käsesorten in einer Schüssel miteinander vermischen und die Eier unterrühren. Alle vorbereiteten Zutaten sowie die Tomatenwürfel untermischen. Die Kräuter zufügen, salzen und pfeffern.

Die Teigblätter auf eine Arbeitsfläche legen, jeweils etwas Füllung in die Mitte setzen, die untere Teigseite weit über die Füllung legen, die Ränder rechts und links einschlagen und den Rest aufrollen. Das Ende jeder Rolle mit Eiweiß bestreichen und andrücken. Das Öl in einer Fritteuse auf 180 °C erhitzen und die Röllchen darin goldbraun frittieren.

Diese kleinen Teigtaschen werden in der Art von Frühlingsrollen zubereitet.

Huhn in Teig gebacken

Ein ganz einfacher Dip zu diesen knusprigen Täschchen wäre dunkle Sojasauce. Ganz hervorragend schmecken sie aber auch mit der im Rezept vorgeschlagenen süß-sauren und recht scharfen Sauce.

20 Frühlingsrollen-Teigblätter (12,5 x 12,5 cm)
Für die Füllung:
20 getrocknete Shiitakepilze
250 g Hühnerbrust ohne Haut und Knochen
100 g Bambussprossen aus der Dose
60 g ausgepalte Erbsen, 20 g frischer Ingwer
60 g Frühlingszwiebeln
Für die Marinade:
1 EL dunkle Sojasauce
1 EL Reiswein

Auf asiatischen Märkten wird Geflügel zum Teil, wie hier, bereits küchenfertig angeboten. Oft jedoch werden Hühner und Enten auch lebend verkauft – die Garantie für absolute Frische.

1/2 TL Salz
frisch gemahlener weißer Pfeffer
1 TL Sesamöl, 1 TL Maisstärke
Für die scharfe süß-saure Sauce:
180 g rote Paprikaschote
2 Knoblauchzehen
Fruchtfleisch von 5 kleinen roten Chilischoten
8 EL milder Reisessig
400 g Zucker, 1/2 TL Salz
Außerdem:
Erdnussöl zum Frittieren

Zunächst die Sauce zubereiten. Dazu die Paprikaschote von Stielansatz, Samen und Scheidewänden befreien und das Fruchtfleisch grob zerkleinern.

Das Fleisch, das vorbereitete Gemüse und die Gewürze mit der Marinade übergießen und alles kurz durchziehen lassen.

Die Füllung auf die Teigquadrate setzen. Zuerst den Teig zu einem Dreieck, dann wie ein Kuvert zusammenfalten.

Das Öl erhitzen, die Päckchen etwa 4 Minuten darin frittieren und dabei mit einem Schaumlöffel mehrmals wenden.

Die Knoblauchzehen schälen und das Chilifruchtfleisch in Streifen schneiden.

Paprika, Knoblauch und Chili im Mörser zu einer Paste verreiben. Die Paste in einen Topf umfüllen und mit 1/4 l Wasser aufgießen. Essig, Zucker und Salz unterrühren, alles zum Kochen bringen und in etwa 30 Minuten bei reduzierter Hitze zu einer sämigen Sauce einkochen lassen.

Die getrockneten Shiitakepilze für die Füllung 20 Minuten in heißem Wasser einweichen. Herausnehmen und gut ausdrücken. Die harten Stiele entfernen und die Hüte in feine Streifen schneiden.

Das Fleisch kurz unter fließendem kaltem Wasser abspülen, trockentupfen und schräg in gleichmäßig dünne Scheiben schneiden; nach Bedarf noch einmal quer durchschneiden.

Die Bambussprossen gut abtropfen lassen und in sehr feine Streifen schneiden. Die Erbsen in kochendem Salzwasser garen. Den Ingwer schälen und fein hacken. Die Frühlingszwiebeln putzen und in dünne Ringe schneiden.

Für die Marinade alle Zutaten in einer kleinen Schüssel miteinander verrühren und die vorbereiteten Zutaten, wie in der Bildfolge gezeigt, damit marinieren.

Die Frühlingsrollenblätter auf einer Arbeitsfläche ausbreiten und die Teigtaschen herstellen, wie in der Bildfolge gezeigt. Das Öl im Wok oder in einer Fritteuse auf 180 °C heißen Öl erhitzen und die Teigtaschen darin goldgelb ausbacken, wie auf dem letzten Bild der Folge beschrieben.

Die Teigtaschen herausnehmen, auf Küchenpapier kurz abtropfen lassen und sofort servieren. Die scharfe süß-saure Sauce separat dazu reichen.

Exotisch mariniert und serviert mit einer pikanten Sauce werden diese Spießchen zu einer ganz besonderen Köstlichkeit.

Nicht ganz preiswert, aber ein einzigartiger Genuss: Austern einmal ganz anders.

Austern aufgespießt

Austern sind nicht nur roh eine Delikatesse, sondern können auch warm serviert werden: etwa, wie hier, mal asiatisch mariniert und gebraten, mal auf amerikanische Art im Speckmantel.

Austernspieße

36 Austern
Für die Marinade:
5 g frische Ingwerwurzel, 1 Knoblauchzehe
2 EL Fischsauce, 2 EL helle Sojasauce
1 TL Kaffir-Limettenschale
1 TL gehacktes Koriandergrün
frisch gemahlener Pfeffer
Für die Sauce:
30 g Frühlingszwiebel
2 g frische Kurkumawurzel, geschält
1 rote Chilischote, 1/2 TL Maisstärke
Saft von 1/2 Kaffir-Limette
2 EL Reiswein, 1/2 TL Palmzucker
Salz, frisch gemahlener Pfeffer
Außerdem:
12 kurze Bambusspieße
3 EL Pflanzenöl, einige Korianderblättchen

Die Austern öffnen und das Fleisch auslösen. Dafür jede Muschel mit einem Tuch gut festhalten. Mit einem Austernmesser am Scharnier der Muscheln einstechen und dieses durchtrennen. Mit dem Messer rundum fahren und die obere Austernschale abheben. Das Fleisch aus der unteren Schale lösen, das Austernwasser auffangen – 200 ml davon werden benötigt – und beiseite stellen.

Für die Marinade den Ingwer sowie den Knoblauch schälen und fein hacken. Mit Fisch- und Sojasauce vermischen. Limettenschale, Koriandergrün und Pfeffer unterrühren. Die Austern in die Marinade legen, wenden und 30 Minuten zugedeckt im Kühlschrank durchziehen lassen.

Für die Sauce die Frühlingszwiebel in feine Ringe schneiden. Die Kurkumawurzel fein reiben. Die Chilischote von Stielansatz und Samen befreien und in feine Ringe schneiden.

Das Austernwasser in einem Topf etwas einkochen lassen und mit der in wenig Wasser angerührten Stärke binden. Aufkochen lassen, Frühlingszwiebel,

Kurkuma, Chili, den Limettensaft, den Reiswein, den Palmzucker, das Salz und den Pfeffer zufügen, die Sauce 4 bis 5 Minuten köcheln lassen.

Die Austern aus der Marinade nehmen und abtropfen lassen. Kurz bei mittlerer Hitze in einer beschichteten Pfanne ohne Zugabe von Fett erhitzen – sie lassen sich dann leichter aufspießen.

Je 3 Austern auf einen Spieß stecken. Das Öl erhitzen und die Spieße darin 1/2 bis 1 Minute braten. Herausnehmen, abtropfen lassen, mit der Sauce anrichten und mit Korianderblättchen garnieren.

Angels on Horseback

24 hauchdünne Scheiben roh geräucherter Speck
24 Austern
frisch gemahlener Pfeffer
Salz nach Belieben
Für den Sahne-Dip:
1 Knoblauchzehe
20 g Schalotte
50 g rote Paprikaschote
100 g Crème fraîche
100 g saure Sahne
1 EL frisch gehackte Petersilie
1 EL Schnittlauchröllchen
Salz, frisch gemahlener Pfeffer
Außerdem:
3 EL Pflanzenöl
12 kurze Bambusspieße

Den Speck von Schwarte und Knorpel befreien. Die Austern öffnen, wie im Rezept links erklärt. Das Fleisch auslösen, pfeffern und eventuell vorsichtig salzen. Jede Auster in eine Speckscheibe wickeln und auf einen Bambusspieß stecken. Kühl stellen.

Für den Sahne-Dip Knoblauch und Schalotte schälen und sehr fein hacken. Das Fruchtfleisch der Paprikaschote klein würfeln. Die Crème fraîche mit der sauren Sahne verrühren und die vorbereiteten Zutaten sowie die Kräuter untermischen. Den Sahne-Dip salzen und pfeffern.

Das Pflanzenöl in einer Pfanne erhitzen und die Austernspieße darin portionsweise 2 bis 3 Minuten braten, dabei mehrfach wenden. Sofort servieren und den Sahne-Dip separat dazu reichen.

Angels on Horseback, »Engel zu Pferd«, ist der kuriose Name eines klassischen Austerngerichts der Haute cuisine, das vor allem in den USA sehr beliebt ist.

Die Zutaten für Shichimi, die japanische Sieben-Gewürze-Mischung, kauft man in Japan oft lose beim Händler. Die Zusammensetzung kann variieren, meist sind es zwei scharfe und fünf aromatische Gewürze. Shichimi ist aber auch fertig gemischt im Handel erhältlich.

Gegrillte Hähnchenspieße, überzogen mit einer pikant-süßlichen Sauce.

Yakitori

Yakitori sind das japanische Fast Food. Man kann die Spießchen ohne viel Umstände auf der Straße verzehren, aber auch in ausgesuchter Qualität in darauf spezialisierten Restaurants genießen.

2 küchenfertige Hähnchen (je etwa 1 kg)
150 g Hühnerlebern
50 g geschälte Zwiebel, in Achteln, 60 g Möhre
250 g rote Paprikaschoten
100 g Frühlingszwiebeln, 2 EL helle Sojasauce
1 Ei, 10 g fein gehackte frische Ingwerwurzel
1 TL Salz, 15 g Zucker, 2 TL Sesamsamen
12 Wachteleier
Für die Shichimi-Gewürz-Mischung:
1 TL Leinsamen, 2 TL Sesamsamen
1 TL getrocknete Orangenschale
1 TL Mohn, 4 kleine, getrocknete Chilischoten
2 TL Ao-nori (getrocknete Seetangflocken)
etwas Sansho (japanischer Pfeffer)
Für die Yakitori-Sauce:
100 ml Sojasauce
200 ml Mirin (Reiswein zum Kochen)
100 ml Sake, 15 g Zucker, 1 TL Shichimi

Eine anspruchsvolle Variante der japanischen Spießchen sind diese mit Hähnchen, Lebern und Wachteleiern.

Neben der Sojasauce sind Mirin, ein süßer Reiswein, und die Sieben-Gewürze-Mischung Shichimi geschmacksbestimmend für den aromatischen Dip zu den Spießchen.

Die Hähnchen unter fließendem kaltem Wasser waschen und trockentupfen. Brüste und Schenkel abtrennen. Die Haut ablösen, beiseite stellen. Das Brustfleisch von den Knochen lösen, in 3 cm große Würfel schneiden, beiseite stellen. Das Fleisch der Schenkel ebenfalls von den Knochen lösen und die Sehnen entfernen. Die Lebern sorgfältig von Häuten sowie Äderchen befreien und halbieren.

Die Zwiebelachtel jeweils in 2 Schichten teilen. Die Möhre längs in dünne Scheiben hobeln. Das Fruchtfleisch der Paprikaschoten in 3 cm große Stücke schneiden. Das Frühlingszwiebelgrün abschneiden, den weißen Teil halbieren. Paprika-Abschnitte und das grob zerkleinerte Frühlingszwiebelgrün mit dem Fleisch der Hähnchenschenkel mischen.

Das Schenkelfleisch mit den Gemüseabschnitten, der Sojasauce, dem Ei, Ingwer, Salz, Zucker und Sesam gut vermengen und durch die mittlere Scheibe des Fleischwolfes drehen. Die Hähnchenhaut mit der Innenseite nach oben ausbreiten, jeweils mit etwas Hack belegen und zu Rollen formen. Diese bei 160 °C im vorgeheizten Ofen 5 Minuten garen, um ein späteres Zusammenziehen zu verhindern. Abkühlen lassen und in Stücke schneiden. Das restliche Hack zu kleinen Bällchen formen.

Um beim Kochen die dünne Schale der Wachteleier nicht zu verletzen, einen kleinen Topf mit Küchenpapier auslegen, mit Wasser auffüllen und zum Kochen bringen. Die Wachteleier 5 Minuten darin kochen, kalt abschrecken und schälen.

Die Zutaten für die Shichimi-Gewürz-Mischung in der Kaffeemühle vermahlen. Alle Zutaten für die Yakitori-Sauce zum Kochen bringen, 10 Minuten kocheln und abkühlen lassen.

Die vorbereiteten Zutaten abwechselnd auf Spieße stecken, dabei die Möhrenscheiben jeweils um ein Zwiebel- und ein Paprikastück schlingen und feststecken. Die Spieße auf den vorgeheizten Grill legen und grillen, bis sie halb gar sind, dabei häufig wenden. Vom Grill nehmen und mit der Yakitori-Sauce bepinseln. Die Spieße erneut auf den Grill legen und diesen Vorgang nochmals wiederholen. Dabei darauf achten, dass die Sauce nicht verbrennt, sie schmeckt sonst bitter. Die fertig gegrillten Spieße mit der restlichen Sauce servieren.

Ob scharf oder süßlich mariniert, das zarte Fleisch schmeckt kurz gegrillt einfach prima.

Saté von Wild oder Geflügel

»Saté ayam« heißen die kleinen Spießchen, die in Indonesien an jeder Straßenecke angeboten werden. Traditionell werden sie mit Hühnerfleisch zubereitet, doch kann man die Fleischsorte jederzeit variieren. In jedem Fall wird das Fleisch vor dem Grillen mariniert, und dazu reicht man eine Erdnuss-Sauce.

Geflügel-Saté

350 g Hähnchen- oder Putenfleisch
Für die Marinade:
5 g frische Ingwerwurzel
1 Knoblauchzehe
30 g Frühlingszwiebeln
Fruchtfleisch von 1 Chilischote, in feine Streifen geschnitten
Saft von 1 Kaffir-Limette
2 Kaffir-Limetten-Blätter
1/8 l Erdnussöl
2 EL helle Sojasauce
1 EL gehacktes Koriandergrün
Außerdem:
8 Bambusspieße
Salz nach Belieben
edelsüßes Paprikapulver

Das Hähnchen- oder das Putenfleisch unter kaltem Wasser abspülen, trockentupfen und in 1,5 cm große Stücke schneiden. Das Fleisch auf Spießchen stecken und kühl stellen.

Für die Marinade Ingwer und Knoblauch schälen und fein hacken. Frühlingszwiebeln putzen und in dünne Ringe schneiden. Ingwer, Knoblauch und Zwiebeln in einer flachen Form mit Chilistreifen, Limettensaft und -blättern, Erdnussöl, Sojasauce sowie Koriandergrün gut verrühren.

Die Geflügelspießchen mit der Marinade übergießen und zugedeckt 1 bis 2 Stunden im Kühlschrank durchziehen lassen.

Die Spieße aus der Marinade nehmen und nach Belieben salzen und mit Paprikapulver würzen. Auf dem vorgeheizten Holzkohlengrill oder einer Grillplatte von jeder Seite 2 bis 3 Minuten grillen, dabei mit mehrfach mit der restlichen Marinade beträufeln.

Saté vom Hirsch und gegrillte Wachteln

Die Wachteln werden hier zwar nicht am Spieß gegrillt, jedoch ganz genauso mariniert und gegart wie das Hirsch-Saté.

250 g Hirschfilet
8 Scheiben durchwachsener Räucherspeck
4 küchenfertige Wachteln, jeweils in 4 Stücke geteilt (Brüste mit Flügeln sowie Keulen)
Für die Marinade:
1 EL Honig
2 EL helle Sojasauce
2 EL trockener Sherry
2 Schalotten
1 Knoblauchzehe
1/2 TL Salz
frisch gemahlener weißer Pfeffer
Außerdem:
8 Bambusspießchen
Würfel von Mangofruchtfleisch nach Belieben

Das Hirschfilet in 8 dünne, lange Streifen schneiden und mit dem Speck auf die Bambusspießchen stecken, wie auf dem kleinen Bild rechts gezeigt.

Die Zutaten für die Marinade verrühren, bis sich Salz und Honig gelöst haben. In eine flache Form gießen, Spießchen und Wachtelteile einlegen und mindestens 30 Minuten durchziehen lassen.

Die Spieße und Wachtelteile aus der Marinade nehmen, gut abtropfen lassen und auf dem vorgeheizten Holzkohlengrill oder einer Grillplatte rundum knusprig braten. Nach Belieben mit Mangowürfeln anrichten und servieren.

Die Hirschfiletstreifen mit Speckscheiben belegen und ziehharmonikaartig auf die Bambusspieße ziehen.

Erdnuss-Sauce zu Saté

150 g geschälte Erdnusskerne
10 g Palmzucker
1 EL Chilipaste
2 EL helle Sojasauce
150 ml Kokosmilch
1/2 TL sehr fein gehacktes Zitronengras
1/4 TL gemahlener Koriander
Salz, frisch gemahlener Pfeffer

Die Erdnüsse für die Sauce auf einem Blech bei 200 °C im vorgeheizten Ofen goldgelb rösten. Herausnehmen, abkühlen lassen und im Mörser fein zerreiben. Mit Palmzucker, Chilipaste, Sojasauce, 60 ml Wasser, Kokosmilch, Zitronengras und Koriander 5 Minuten bei geringer Hitze unter Rühren köcheln und mit Salz sowie Pfeffer würzen.

Zarter Seeteufel und delikater Aal mit einer knusprigen Kruste.

Frittierter Fisch

Gebackener Aal
1 Stück Aal, ausgenommen etwa 400 g
Salz, frisch gemahlener Pfeffer
Für die Sauce Tartare:
1 Ei, 1/2 TL Weinessig
1/4 TL scharfer Senf
1/2 TL Salz
1/4 TL frisch gemahlener weißer Pfeffer
175 ml Sonnenblumenöl
1 hartgekochtes Ei, geschält
75 g Gewürzgurken
3 Sardellenfilets
1 EL Kapern, 1 EL gehackter Estragon
1 EL gehackter Kerbel
1 TL Schnittlauchröllchen
1 TL gehackte Petersilie
Cayennepfeffer
Außerdem:
2 Eier, 50 g Mehl, 100 g Semmelbrösel
4 EL Öl, 30 g Butter
150 g Salatgurke, in 4 mm dicken Scheiben
Dillspitzen

Den Aal häuten, filetieren und in etwa 7 cm lange Stücke schneiden. Diese längs halbieren und mit Salz und Pfeffer würzen.

Sauce Tatare
passt nicht nur zu dem gebackenen Aal ganz hervorragend. Sie kann zu jedem Fischgericht serviert werden, das nach einer frischen, kühlen Sauce verlangt.

Für die Sauce Ei, Essig, Senf, Salz und Pfeffer bei niedrigster Stufe im Mixer glattrühren, dabei das Öl in dünnem Strahl einlaufen lassen. Die Sauce in eine Schüssel füllen. Hart gekochtes Ei, Gewürzgurken, Sardellenfilets und Kapern fein würfeln. Mit den Kräutern unter die Sauce rühren. Würzen.

Die Eier verquirlen. Die Aalstücke in Mehl wenden, durch die Eier ziehen und in Semmelbröseln wenden. Öl und Butter erhitzen und den Aal darin goldbraun und knusprig braten. Herausheben, abtropfen lassen und mit Gurkenscheiben und Dill garnieren. Die Sauce separat dazu reichen.

Seeteufel mit Sesam

600 g Schwanzstück vom Seeteufel, ohne Haut
etwa 100 g Sesamsamen, geschält
Für die Marinade:
Saft von 1/2 Zitrone, Salz
frisch gemahlener Pfeffer, 3 EL Sesamöl
Außerdem:
Pflanzenöl zum Ausbacken, Zahnstocher

Den Seeteufel filetieren, die Filets quer in 3 bis 4 cm große Stücke schneiden und in eine Form legen.

Für die Marinade den Zitronensaft mit dem Salz und dem Pfeffer verrühren, bis sich das Salz aufgelöst hat, und die Marinade über den Fisch gießen. Zugedeckt im Kühlschrank 1 Stunde durchziehen lassen.

Den Fisch abtropfen lassen und in Sesamsamen wenden. Das Öl etwa 2 cm hoch in eine Pfanne gießen, erhitzen und die Fischstücke bei etwas reduzierter Hitze darin ausbacken.
Herausnehmen, gut abtropfen lassen und mit je einem Zahnstocher versehen.

Ein nach südamerikanischer Tradition mit viel Chili scharf gewürzter Leckerbissen vom Grill.

Gegrilltes Kalbsherz

Das Herz wird vor dem Grillen mariniert und bekommt dadurch einen sehr delikaten Geschmack. Die Marinade sorgt außerdem dafür, dass die Fleischstückchen zart bleiben. Wer kein Kalbsherz bekommt, kann auch auf das Herz eines jungen Rindes ausweichen.

Für 6 Portionen
800 g Kalbsherz
Für die Marinade:
2 rote Chilischoten (6 g)
80 g weiße Zwiebeln, 2 Knoblauchzehen
1 EL gehackte Petersilie
Salz, frisch gemahlener Pfeffer
1/2 TL gemahlener Kreuzkümmel
200 ml milder Rotweinessig

Für die Sauce:
5 g getrocknete Chilischoten
5 g Anatto-Samen
1 EL Olivenöl, Salz nach Belieben
Außerdem:
6 Holzspieße
Pflanzenöl für den Grill

Den Essig über die gewürzten Herzwürfel gießen und alles gut miteinander vermischen.

Die auf Spieße gesteckten Herzwürfel rundum mit der Chili-Anatto-Sauce gleichmäßig bestreichen.

Den Grill oder eine Grillplatte vorheizen, mit Öl einpinseln und die Spieße 8 bis 10 Minuten grillen.

Das Herz von allem Fett befreien, längs halbieren und unter fließendem kaltem Wasser waschen. Die Arterien entfernen, das Fleisch in 2 bis 3 cm große Stücke schneiden und in eine flache Form legen.

Für die Marinade die Chilischoten halbieren, von Stielansätzen, Samen und Scheidewänden befreien und das Fruchtfleisch in feine Streifen schneiden. Die Zwiebeln schälen, vierteln und in Streifen schneiden. Den Knoblauch schälen und fein hacken. Chilistreifen, Zwiebeln und Knoblauch mit Petersilie, Salz, Pfeffer und Kreuzkümmel vermengen und die Würzmischung über den Herzwürfeln verteilen. Weiterverfahren, wie im ersten Bild links gezeigt. Die Form mit Folie bedecken und die Herzwürfel über Nacht im Kühlschrank durchziehen lassen.

Am nächsten Tag die getrockneten Chilischoten für die Sauce von den Stielansätzen befreien. Die Schoten halbieren, die Samen entfernen und die Chilis in heißem Wasser 30 Minuten einweichen. Die Herzwürfel aus der Marinade nehmen (diese auffangen), abtropfen lassen und je 4 Herzstücke auf einen Holzspieß stecken. Von den Chilischoten das Wasser abgießen. Die Anatto-Samen im Mörser zerstoßen und mit den Chilis und dem Öl im Mixer durchmixen. Die aufgefangene Marinadeflüssigkeit zugießen, alles fein pürieren und salzen.

Die Herzspieße mit der Sauce bepinseln und grillen, wie in den beiden letzten Bildern links gezeigt. Während des Grillens die Spieße mehrfach wenden und immer wieder mit der Sauce bepinseln.

Herb duftender, frischer Salbei verfeinert hier köstliche Spieße, mal mit Leber, mal mit Kalbsfilet.

Mit Speck & Salbei

Die zarten Kalbsfilet-Röllchen erhalten durch Knoblauch, Zitrone, Rosmarin und Thymian in der Marinade eine zusätzliche mediterrane Note.

Leberspieße mit Knoblauchsauce
400 g Kalbsleber am Stück
80 g luftgetrockneter, durchwachsener Speck
12 Salbeiblätter, 3 EL Pflanzenöl
Salz, grob zerstoßener schwarzer Pfeffer
Für die Knoblauchsauce:
3 Sardellenfilets, in Salz eingelegt
2 Knoblauchzehen, 2 Eigelbe, 120 ml Olivenöl
Schale und Saft von 1/2 unbehandelten Zitrone
frisch gemahlener schwarzer Pfeffer
Salz nach Belieben
Außerdem:
4 Holzspießchen von etwa 20 cm Länge

Für die Sauce das Salz von den Sardellen abschütteln. Knoblauch schälen und zusammen mit den Sardellenfilets fein hacken. Beides mit den Eigelben zu einer glatten Paste verrühren. Das Öl langsam – erst tropfenweise, dann in dünnem Strahl – zufügen, dabei ständig rühren. Mit Zitronenschale und -saft sowie Pfeffer würzen, nach Belieben salzen.

Von der Leber alle Häutchen und Äderchen entfernen und die Leber in Würfel von etwa 3 cm Kantenlänge schneiden. Den Speck in 4 lange Scheiben schneiden, Knorpel und Schwarte entfernen.

Jeweils eine Speckscheibe auf einen Spieß stecken, dann einen Würfel Leber und 1 Salbeiblatt aufspießen. Den Speck darumwickeln und feststecken. Darauf folgen wieder ein Leberwürfel, 1 Salbeiblatt und so fort. Die Spieße mit Öl bepinseln und auf dem vorgeheizten Grill 5 bis 6 Minuten garen, dabei öfters wenden. Mehrmals mit Öl bepinseln. Salzen und pfeffern. Die Sauce dazu servieren.

Involtini di vitello

Für 20 Stück
300 g Kalbsfilet, pariert
Salz, frisch gemahlener Pfeffer
50 g roh geräucherter Schinken
20 mittelgroße Salbeiblätter
2 EL Olivenöl, 40 Kalamata-Oliven
20 dünne Scheiben von unbehandelten Zitronen
Für die Marinade:
1 Knoblauchzehe, 1 EL gehackte Petersilie
je 1 TL gehackter Rosmarin und Thymian
1 Messerspitze abgeriebene, unbehandelte Zitronenschale
2 EL Olivenöl, 1 EL Zitronensaft
Salz, frisch gemahlener Pfeffer
Außerdem:
20 Holzspießchen

Das Kalbsfilet in Scheiben von etwa 15 g schneiden. Diese einzeln zwischen Klarsichtfolie legen und gleichmäßig flach klopfen. Salzen und pfeffern.

Den Schinken in 4 x 5 cm große Stücke schneiden. Auf jede Scheibe Fleisch ein Stück Schinken sowie ein Salbeiblatt legen. Die Kalbsfiletscheiben an den Seiten einschlagen und von der Schmalseite her wie Rouladen aufrollen.

Für die Marinade den Knoblauch schälen, fein hacken und in eine Schüssel füllen. Kräuter und Zitronenschale zufügen, Öl und Zitronensaft zugießen und alles gut verrühren. Salzen und pfeffern.

Das Öl in einer Pfanne erhitzen, die Fleischröllchen zunächst mit der Naht nach unten und anschließend ringsum anbraten. Zum Schluss mit der Hälfte der Marinade beträufeln und aus der Pfanne nehmen.

Auf jedes Holzspießchen je eine Olive, ein Fleischröllchen, eine zusammengeklappte Zitronenscheibe und nochmals eine Olive stecken. Die Spieße in die Pfanne legen, mit der restlichen Marinade begießen und noch einmal kurz erhitzen.

Die Fleischteigkugeln mit den Fingern etwas abflachen. Durch diese Form lassen sich die Patties besser braten.

Ob mit Gemüse aufgespießt oder überbacken: die »Burger« im Mini-Format sind sehr vielseitig.

Pork patties

Mit Gemüse
10 g frische Ingwerwurzel, 1 Knoblauchzehe
1 rote Chilischote, 80 g Frühlingszwiebeln
400 g Hackfleisch vom Schwein
abgeriebene Schale von 1/2 Limette
1 Ei, Salz, frisch gemahlener Pfeffer
Für die scharfe Paprikasauce:
180 g rote Paprikaschoten
5 thailändische rote Chilischoten
2 Knoblauchzehen, 8 EL Essig
400 g Zucker, 1/2 TL Salz
Für das Gemüse:
150 g Zucchini, 12 Cocktailtomaten
2 EL Pflanzenöl
Salz, frisch gemahlener Pfeffer
Außerdem:
2 EL Pflanzenöl
24 Zahnstocher, 1 EL gehackte Petersilie

Den pikanten Fleischbällchen verleihen Ingwer, Knoblauch und Limettenschale einen aparten Geschmack.

Für die Sauce Paprika- und Chilischoten von Stielansätzen, Samen und Scheidewänden befreien, das Fruchtfleisch fein schneiden. Knoblauch schälen und hacken. Alles im Mörser fein zerreiben. Die Paste mit 1/4 l Wasser, Essig, Zucker und Salz aufkochen und bei schwacher Hitze etwa 30 Minuten köcheln.

Inzwischen für den Fleischteig Ingwer und Knoblauch schälen und ganz fein hacken. Die Chilischoten halbieren, Stielansätze, Samen und Scheidewände entfernen und das Fruchtfleisch fein würfeln. Die Frühlingszwiebeln putzen und fein hacken. Hackfleisch mit Ingwer, Knoblauch, Chili, Frühlingszwiebeln, Limettenschale, Ei, Salz und Pfeffer vermengen. Aus dem Teig 24 Fleischbällchen von je etwa 20 g formen und jedes etwas abflachen. Das Öl erhitzen und die Patties darin braten.

Die Zucchini waschen, putzen und in 1/2 cm dünne Scheiben schneiden. Tomaten quer halbieren und von den Stielansätzen befreien. Das Öl erhitzen und die Zucchinischeiben darin auf beiden Seiten kurz braten. Tomaten kurz mitbraten, salzen, pfeffern.

Je 1 Zucchinischeibe, 1 Patty und eine Tomatenhälfte auf Zahnstocher stecken, mit Petersilie bestreuen und mit der Sauce servieren.

Mit Käse überbacken

10 g frische Ingwerwurzel, 1 Knoblauchzehe
1 rote Chilischote, 80 g Frühlingszwiebeln
400 g Hackfleisch vom Schwein
abgeriebene Schale von 1/2 Limette
1 Ei, Salz, frisch gemahlener Pfeffer
Außerdem:
2 EL Pflanzenöl
80 g rote Zwiebel
120 g Taleggio, ersatzweise Mozzarella
2 EL Schnittlauchröllchen
12 Holzspieße, etwa 15 cm lang

Fleischteig zubereiten, zu Patties formen und in Pflanzenöl braten, wie im Rezept links beschrieben. Die Zwiebel schälen, längs halbieren und in dünne Spalten schneiden. Kurz in der Pfanne mitbraten. Je zwei Patties und Zwiebelspalten auf einen Spieß stecken. Die Spieße auf ein Blech legen.

Den Käse von der Rinde befreien, in dünne Scheiben von 6 x 4 cm schneiden und über die Spieße legen. Die Spieße bei 200 °C im vorgeheizten Ofen mit eingeschaltetem Grill kurz überbacken. Herausnehmen, anrichten, mit Schnittlauchröllchen bestreuen und servieren. Dazu passt ebenfalls eine scharfe Paprikasauce wie im Rezept links.

Abwechselnd Lauch, Moscardini, Tomaten, Lauch, Garnelen und wieder Tomaten auf die Spieße stecken. Die Spieße in der restlichen Weißbrot-Mischung wenden.

Kleine Tintenfische und Garnelen werden abwechselnd mit jungem Gemüse appetitlich angerichtet.

Meeresfrüchtespießchen

Die kleinen Tintenfische, Moscardini genannt, sind kaum größer als die ebenfalls aufgespießten Garnelen. Moscardini sind – im Vergleich zu ihren größeren Verwandten – zarter und feiner im Geschmack. Bei der Zubereitung sollte man darauf achten, dass die kleinen Tentakel nicht verbrennen.

1 Knoblauchzehe
2 EL Olivenöl
8 küchenfertige Moscardini
80 ml Weißwein
100 g geriebenes Weißbrot
1 TL gehackter Oregano
Saft von 1/2 Zitrone
Salz, frisch gemahlener Pfeffer
8 große, rohe Garnelen ohne Schale
100 g junger Lauch, 8 Cocktailtomaten
Außerdem:
8 Holzstäbchen

Die Knoblauchzehe schälen und fein würfeln. Die Hälfte des Öls in einer Pfanne erhitzen und den Knoblauch sowie die Moscardini darin anbraten. Mit dem Weißwein ablöschen. Die Moscardini aus der Pfanne nehmen, beiseite stellen und den Sud in einen tiefen Teller gießen.

Die Weißbrotbrösel, den Oregano, den Zitronensaft, Salz und Pfeffer zu dem Sud geben und alles gut miteinander vermischen. Die Garnelen in diese Würzmischung einlegen.

Den Lauch putzen, waschen und leicht schräg in 3 bis 4 cm lange Stücke schneiden. Die Lauchstücke in kochendem Salzwasser blanchieren, wieder herausnehmen und in Eiswasser abschrecken, damit sie Farbe und Biss behalten.

Die Tomaten waschen und die Stielansätze entfernen. Den Lauch, die Moscardini, die Cocktailtomaten und die marinierten Garnelen auf Holzspieße stecken, wie in den Steps oben links gezeigt, und mit der restlichen Brotmischung panieren.

Die Spieße mit dem restlichen Öl beträufeln und auf dem vorgeheizten Grill ungefähr 4 bis 5 Minuten grillen, dabei ab und zu wenden. Die Meeresfrüchtespießchen sofort servieren.

Einfach zum Reinbeißen: Mit einer leichten Panade und kurz auf den heißen Grill gelegt, schmecken die Spieße förmlich nach Süden und Meer.

Maiskolben sieht man in den südlichen Ländern im Herbst oft zum Trocknen vor den Scheunen hängen. Aus ihnen wird der Grieß für die Polenta gewonnen.

Mit Sardellenfilets und luftgetrocknetem Parmaschinken werden die Polentawürfel wunderbar pikant.

Maiswürfel aufgespießt

Nicht nur als Vorspeise oder Snack eignen sich diese Häppchen, sie machen sich auch gut auf einem warmen Büffet. Allerdings sollte man darauf achten, dass sie nach der Zubereitung nicht allzu lange stehen bleiben oder gar kalt werden – dann bekommt die Polenta eine unerwünschte, harte Kruste.

Die Schinkenstreifen auslegen. Je einen Polentawürfel mit einem halbierten Sardellenfilet daraufsetzen und in den Schinken einschlagen.

»Fingerfood« auf italienisch: Die kleinen Polentahäppchen werden in Schinkenstreifen gehüllt, kurz gebraten und auf Zahnstocher gespießt serviert – so kann man sie gut in die Tomatensauce tunken.

Für 6 bis 8 Portionen
625 ml Gemüsefond, 40 g Butter
1/2 TL Salz
180 g Maisgrieß (mittlere Körnung)
Für die Tomatensauce:
600 g reife Tomaten, 80 g Zwiebeln
1 Knoblauchzehe
1 kleiner Peperoncino, 5 EL Olivenöl
1 EL gehackte Petersilie
1 EL gehackte Kräuter
Salz, frisch gemahlener Pfeffer
Außerdem:
250 g Parmaschinken, in dünnen Scheiben
etwa 20 Sardellenfilets, in Salzlake
2 EL Pflanzenöl, 40 g Butter, Zahnstocher

Den Fond mit Butter und Salz aufkochen. Maisgrieß unter Rühren in dünnem Strahl einrieseln lassen; die Flüssigkeit muss dabei ständig sieden. Im Uhrzeigersinn weiterrühren, bis sich der Brei vom Topfrand löst; das dauert etwa 20 Minuten.

Polenta auf einem nassen Brett mit einer Palette zu einer 1,5 cm dicken Platte verstreichen, abkühlen lassen und in 2 bis 3 cm große Rechtecke schneiden.

Die Tomaten für die Sauce blanchieren, häuten, halbieren, Stielansätze und Samen – diese durch ein Sieb passieren und den Saft dabei auffangen – entfernen und das Fruchtfleisch klein würfeln. Zwiebeln und Knoblauch schälen und fein hacken. Peperoncino ohne Samen fein hacken. Das Öl erhitzen, Zwiebel und Knoblauch darin hell anschwitzen. Peperoncino, Tomatenwürfe, Petersilie und restliche Kräuter (Oregano, Salbei, Rosmarin) zufügen. Tomatensaft angießen, zudecken und 15 Minuten bei geringer Hitze dünsten. Salzen und pfeffern.

Schinkenscheiben der Länge nach in 3 cm breite Streifen schneiden. Die Sardellenfilets abspülen und quer halbieren. Weiterverfahren, wie links gezeigt. Öl und Butter erhitzen und die Polentawürfel bei mäßiger Hitze 2 bis 3 Minuten darin braten.

Würziger Greyerzer, in aromatischen Schinken gehüllt, und paniert. Der nussige Geschmack der Panade rundet den Käsegeschmack perfekt ab.

Zart schmelzender Käse in knuspriger Panade, zu einem guten Glas Wein ein echter Genuss.

Käse ausgebacken

Für diese beiden Sorten Käsehäppchen eignen sich außer den angegebenen Käsesorten natürlich auch noch andere. Sie sollten allerdings mehr als 40 % Fett in Trockenmasse aufweisen.

Gebackener Käse

Für etwa 20 Stück
300 g Greyerzer am Stück
200 g luftgetrockneter Schinken
Zum Panieren:
40 g Mehl
120 g Semmelbrösel, 2 Eier
1 1/2 EL geschälte Sesamsamen
Außerdem:
Pflanzenöl zum Ausbacken

Die Rinde von dem Käse entfernen. Den Greyerzer zuerst in Stücke, dann in Stifte von 4 cm Länge und etwa 1,5 cm Breite schneiden.

Den Schinken in dünne Scheiben schneiden, das geht am besten mit einer Brotschneidemaschine. Die Scheiben in 15 cm lange und 4 cm breite Streifen schneiden; jeweils etwa 10 g schwer. Jeden Käsestift in einen Schinkenstreifen wickeln.

Das Mehl auf einen tiefen Teller sieben. Die Semmelbrösel mit den Sesamsamen in einem zweiten Teller vermischen. Die Eier in einem dritten Teller verquirlen. Das Öl in einem großen Topf oder in der Fritteuse auf 160 °C erhitzen.

Die Käsestücke in Mehl wenden, überschüssiges Mehl abklopfen, und durch die verquirlten Eier ziehen. Zum Schluss die Käsewürfel in der Semmelbrösel-Sesam-Mischung wenden und die Panade leicht andrücken.

Die Käsestücke portionsweise im heißen Fett goldgelb frittieren, herausheben und auf Küchenpapier abtropfen lassen und auf Zahnstocher spießen.

Käsewürfel mit Johannisbeersauce

Für die Sauce:
1 rote Zwiebel
250 g rote Johannisbeeren
75 g Zucker
1 Gewürznelke
1/2 Zimtstange
Für die Käsewürfel:
300 g Camembert
1 Ei
50 g Semmelbrösel
50 g fein geriebene Haselnüsse oder Mandeln
Cayennepfeffer
Außerdem:
Pflanzenöl zum Frittieren

Für die Sauce die Zwiebel schälen und sehr fein hacken. Die Johannisbeeren waschen und von den Rispen streifen; das geht am besten mit einer Gabel.

Zwiebelwürfel, Johannisbeeren, Zucker, Nelke und Zimtstange in einem Topf vermengen und 1 Stunde ziehen lassen. Die Mischung aufkochen und bei mittlerer Hitze 5 Minuten köcheln lassen, bis die Sauce dickflüssig ist. Gewürznelke und Zimtstange entfernen. Die Johannisbeersauce in ein Schälchen umfüllen und abkühlen lassen.

Den Camembert in etwa 1 cm große Würfel schneiden. Das Ei in einem tiefen Teller verschlagen. Semmelbrösel, Nüsse und Cayennepfeffer in einem zweiten Teller miteinander vermischen.

Das Öl in einem Wok oder in der Fritteuse erhitzen. Die Käsewürfel durch das Ei ziehen, in der Semmelbrösel-Nuss-Mischung wenden und portionsweise im heißen Fett 2 Minuten frittieren. Herausheben und auf Küchenpapier abtropfen lassen. Die Käsewürfel noch heiß mit der Johannisbeersauce servieren.

Huhn und Gemüse – zwischen die pikanten Fleischbällchen kommt der in Stücke geschnittene Pak-Choi auf die Spieße.

Die Geflügelkroketten werden in 170 °C heißem Öl kross ausgebacken und hier einmal mit einer milden Béchamelsauce gereicht.

Die Geflügelbällchen oder Kroketten können als Vorspeise oder als kleiner Imbiss mit würziger Sauce serviert werden.

Hühnerfleischbällchen aufgespießt

Hühnerfleischbällchen

Yakitori nennt man diese Spießchen in Japan, die man in der Pfanne braten oder auch grillen kann.

500 g Hähnchenfleisch, ohne Haut
5 g frische Ingwerwurzel
30 g Frühlingszwiebeln 40 g rote Paprikaschote
1 EL gehackte Petersilie, 1 Ei, 20 ml Sahne, Salz
1/4 TL Sansho (japanischer Pfeffer)
5 EL Pflanzenöl
Für die Sauce:
8 g Zitronengras, 1/2 Chilischote, quer halbiert
1 EL Koriandergrün, 50 ml dunkle Sojasauce
50 ml Mirin, 20 ml Sake, 10 ml Tamari
1 TL brauner Zucker
Außerdem:
100 g Pak-Choi (Taiwanese green), Holzspieße
einige Blätter japanischer grüner Meerrettich

Das Fleisch durch die feine Scheibe des Fleischwolfs drehen. Den Ingwer schälen und fein hacken. Frühlingszwiebeln waschen, putzen und nur den weißen Teil fein würfeln. Die Paprikaschote mit einem Kartoffelschäler schälen, von Stielansatz, Samen und Scheidewänden befreien und das Fruchtfleisch ebenfalls fein würfeln.

Fleisch, Ingwer, Frühlingszwiebeln, Paprika und Petersilie gut miteinander vermengen. Das Ei einarbeiten und die Sahne unterrühren. Mit Salz und Sansho würzen. Aus der Masse mit angefeuchteten Händen Bällchen von je etwa 20 g formen. Den Pak-Choi putzen, waschen, die Blätter von den Stielen trennen und die Stiele in etwa 2 cm große Würfel schneiden; Blätter anderweitig verwenden.

Für die Sauce das Zitronengras putzen und in feine Ringe schneiden. Die Chilischote in feine Ringe schneiden, dabei die Samen entfernen. Koriandergrün grob hacken. Dunkle Sojasauce, Mirin, Sake, Tamari, Zucker, Zitronengras, Chiliringe und Koriandergrün kurz aufkochen lassen. Beiseite stellen.

Fleischbällchen und Pak-Choi-Würfel abwechselnd auf die Spieße stecken. Öl in einer Pfanne erhitzen. Die Spieße darin rundum 5 bis 6 Minuten braten. Herausnehmen und auf vorgewärmte Teller legen. Mit den Meerrettichblättern garnieren und die Würzsauce separat dazu reichen.

Geflügelkroketten

Wer will, kann diese milden Kroketten aus Hühnerfleisch auch mit einer schärferen Sauce servieren.

250 g Hähnchenfleisch, ohne Haut und Knochen
1 EL Sonnenblumenöl, 1 Eigelb
Für die Bechamelsauce:
15 g Butter, 10 g Mehl, 1/8 l Milch, Salz, Pfeffer
Außerdem:
30 g Mehl, 2 Eier, etwa 100 g Semmelbrösel, Öl

Fleisch klein schneiden. Öl erhitzen und das Fleisch 6 bis 8 Minuten darin sanft anbraten. Herausnehmen, leicht abkühlen lassen und fein pürieren.

Für die Sauce Butter zerlassen, Mehl einstreuen und unter ständigem Rühren 1 bis 2 Minuten farblos anschwitzen. Milch zugießen und glatt rühren. Mit Salz und Pfeffer würzen. 10 Minuten köcheln lassen.

Eigelb und etwa 2 EL Bechamelsauce unter das pürierte Fleisch mischen. Daraus 5 cm lange und etwa 20 g schwere Kroketten formen. In Mehl wenden, durch die verquirlten Eier ziehen, in Semmelbrösel wenden. Ausbacken.

Knackiges Gemüse und zarte Hackfleischbällchen werden mit einer pikant-säuerlichen Marinade angerichtet.

Bitki vom Huhn

Für den Fleischteig:
110 g Zwiebeln
1/2 Knoblauchzehe
400 g Hühnerfleisch ohne Haut und Knochen
200 g durchwachsener Schweinehals
1 TL Salz, frisch gemahlener Pfeffer
1 TL edelsüßes Paprikapulver
1 EL gehackte Petersilie, 1 Ei
100 g Weißbrot ohne Rinde
30 g Butter, 1/8 l Sahne

Für die Marinade:
1 EL Aceto balsamico
2 EL milder Weißweinessig (5 % Säure)
1 Spritzer Zitronensaft
Salz, frisch gemahlener Pfefer
6 EL Olivenöl
30 g Schalotten
1 Knoblauchzehe
2 EL gehackte Kräuter
(Petersilie, Thymian, Rosmarin, Basilikum)

Gurken, Zwiebeln und Paprika ergänzen die Fleischbällchen in diesem Rezept. Doch kann man ruhig variieren – Zucchini, Champignons oder Cocktailtomaten passen ebenfalls gut dazu.

Außerdem:
200 g rote Paprikaschoten
80 g Salatgurke
10 Silberzwiebeln
2 EL Pflanzenöl, 40 g Butter
Salz, frisch gemahlener Pfeffer
20 Holzspießchen, 10 bis 12 cm lang

Für den Fleischteig 80 g Zwiebel sowie den Knoblauch schälen und grob hacken. Das Hühnerfleisch und den Schweinehals in grobe Stücke schneiden und alles durch die mittlere Scheibe des Fleischwolfes drehen. Mit Salz, Pfeffer und Paprikapulver würzen. Die Petersilie und das Ei untermischen.

Das Weißbrot und die restliche Zwiebel in kleine Würfel schneiden. Die Butter in einer Pfanne zerlassen und die Zwiebel- und Brotwürfel darin hell anschwitzen. Die Sahne zugießen, alles einmal kräftig aufkochen lassen und die Zwiebelmischung unter den Fleischteig kneten.

Die Paprikaschoten halbieren, Stielansätze, Samen und Scheidewände entfernen und aus dem Fruchtfleisch 20 Quadrate von etwa 2 cm Kantenlänge schneiden. Die Salatgurke schälen, längs halbieren, mit einem Teelöffel die Samen entfernen und das Fruchtfleisch in 10 Stücke von 4 x 1/2 cm schneiden. Die Silberzwiebeln schälen.

Aus dem Fleischteig 40 Bällchen von je 20 g formen und diese leicht flach drücken. Öl und Butter in einer Pfanne erhitzen und die Bitki darin von jeder Seite etwa 2 Minuten braten. Herausnehmen, das Gemüse einlegen und kurz braten. Salzen und pfeffern.

Jeweils ein Fleischbällchen, ein Stück Paprika, ein weiteres Fleischbällchen sowie ein Stück Gurke oder eine Zwiebel auf einen Spieß stecken. Die Spieße auf einer Platte anrichten.

Für die Marinade beide Essigsorten mit dem Zitronensaft, Salz und Pfeffer verrühren, das Öl in feinem Strahl unter Rühren dazugießen. Schalotten und Knoblauch schälen und beides fein hacken. Mit den Kräutern in die Marinade rühren. Die Spießchen mit der Marinade beträufeln und servieren.

Auch auf dem Grill kann man die Keftédes zubereiten; Rost oder Platte sollten dann mit Öl eingepinselt werden, damit sich die Fleischbällchen gut wenden lassen.

Die Fleischklößchen vertragen ohne weiteres eine feurige Begleitung. Die Schärfe der Paprikasauce kann man mit Tabasco ganz nach Belieben regeln.

Sie kommen auf jeder Party gut an: »Mini-Frikadellen« mit den jeweils passenden Saucen.

Pikante Fleischbällchen

Keftédes

In Griechenland wird zu diesen Fleischbällchen Tzatziki gereicht, die erfrischende Joghurtsauce mit Gurke, Dill und reichlich Knoblauch.

2 Scheiben Weißbrot ohne Rinde
100 g Zwiebeln
400 g Hackfleisch vom Rind
400 g Hackfleisch vom Schwein
2 EL gehackte Petersilie
1 TL gehackte Minze
1 EL Zitronensaft, 2 Eier, 1 EL Olivenöl
Salz, frisch gemahlener weißer Pfeffer
Außerdem:
Mehl zum Wenden
3 bis 4 EL Pflanzenöl zum Braten

Das Weißbrot in wenig Wasser einweichen. Die Zwiebeln schälen und fein hacken. Das eingeweichte Brot ausdrücken und in Stücke zerpflücken.

In einer Schüssel Hackfleisch, Brot, Zwiebelwürfel, Petersilie, Minze, Zitronensaft, Eier und Olivenöl miteinander vermischen. Mit Salz und Pfeffer würzen. Den Fleischteig 30 Minuten im Kühlschrank ruhen lassen. Aus dem Fleischteig mit angefeuchteten Händen kleine, jeweils etwa 30 g schwere Bällchen formen und diese jeweils in etwas Mehl wenden.

Das Pflanzenöl in einer Pfanne erhitzen und die Fleischbällchen darin portionsweise rundum braun braten; das dauert etwa 4 bis 5 Minuten. Herausnehmen und auf Küchenpapier abtropfen lassen.

Fleischklößchen mit Paprikasauce

je 250 g Hackfleisch vom Rind und vom Schwein
2 1/2 EL Semmelbrösel, 1 Knoblauchzehe
1 Ei, 1 EL Olivenöl
Salz, frisch gemahlener Pfeffer
Für die Paprikasauce:
80 g Zwiebel, 400 g rote Paprikaschoten
2 EL Olivenöl, 4 EL passierte Tomaten
Salz, frisch gemahlener Pfeffer
Tabasco-Sauce nach Belieben
Außerdem:
Mehl zum Wenden
3 bis 4 EL Olivenöl zum Braten

Für die Sauce die Zwiebel schälen und fein hacken. Paprikaschoten von Stielansätzen, Samen und Scheidewänden befreien, das Fruchtfleisch klein würfeln. Das Olivenöl erhitzen und die Zwiebel darin anschwitzen. Die Paprikawürfel kurz mitbraten, die Tomaten zufügen und die Sauce bei mittlerer Hitze 10 Minuten köcheln lassen. Würzen.

Das Hackfleisch mit den Semmelbröseln in eine Schüssel füllen. Knoblauch schälen und durch eine Presse dazu drücken. Ei und Öl zufügen, salzen, pfeffern und alle Zutaten gut miteinander vermengen. Aus dem Fleischteig walnussgroße Klößchen formen und in Mehl wenden. Das Öl erhitzen und die Klößchen darin portionsweise etwa 4 Minuten braten. Herausnehmen, auf Küchenpapier abtropfen lassen und mit der Sauce servieren.

Eine besonders attraktive asiatische Spezialität, stilecht im Bambusdämpfkorb zubereitet.

Schweinefleischigel

Während man die Fleischbällchen im Bambuskorb dämpft, sollte man ab und zu den »Wasserstand« im Wok kontrollieren und bei Bedarf rechtzeitig Wasser nachgießen. Statt im Wok kann man die Igel natürlich auch in einem »westlichen« Dämpftopf aus Metall zubereiten.

120 g Klebreis
600 g Schweinefleisch aus der Oberschale
40 g rote thailändische Zwiebelchen
1 Knoblauchzehe, 1 EL Pflanzenöl
1 TL Palmzucker, 1 EL gehacktes Koriandergrün
3 EL helle Sojasauce, 1 Eiweiß, 1 EL Reiswein
Salz, frisch gemahlener Pfeffer

Aus dem vorbereitetem Fleischteig mit angefeuchteten Händen etwa 28 Bällchen von 20 g Gewicht formen.

Den Reis auf einer Platte ausbreiten und die Bällchen darin wälzen, bis sie ringsum gleichmäßig davon bedeckt sind.

Den Boden eines Bambus-Dämpfkorbs mit Öl bepinseln und die »Igel« hinein setzen. Den Korb mit seinem Deckel verschließen.

Für die rote Chilisauce:
60 g mittelscharfe rote Chilischoten
40 g Zwiebel
1/2 Knoblauchzehe
1 TL Pflanzenöl
150 g passierte Tomaten
1/2 TL Salz
1/2 TL Zucker
Außerdem:
Pflanzenöl zum Einfetten des Dämpfkorbs

Den Reis in einem Sieb unter fließendem kaltem Wasser waschen und über Nacht in kaltem Wasser einweichen. Abschütten und gut abtropfen lassen. Am nächsten Tag das Fleisch sehr fein hacken oder durch die feinste Scheibe des Fleischwolfes drehen. Bis zur weiteren Verwendung kühl stellen.

Zwiebeln und Knoblauch schälen und fein hacken. Das Öl in einer Pfanne erhitzen, Knoblauch sowie Zwiebeln darin mit dem Zucker bestreuen und glasig braten. Herausnehmen, etwas abkühlen lassen und mit dem Hackfleisch mischen. Koriander, Sojasauce, Eiweiß, Reiswein, Salz und Pfeffer unterkneten. Weiterverfahren, wie gezeigt.

Einen Wok zu 1/3 mit Wasser füllen. Das Wasser aufkochen, den gefüllten Bambus-Dämpfkorb einsetzen und die Hitze reduzieren. Die Fleischbällchen darin 20 bis 25 Minuten garen.

In der Zwischenzeit für die Sauce die Chilischoten von Stielansätzen, Samen und Scheidewänden befreien, das Fruchtfleisch klein würfeln. Zwiebel und Knoblauch schälen und beides fein hacken. Das Öl in einem Topf erhitzen, Zwiebel, Knoblauch und Chiliwürfel darin anschwitzen. Die passierten Tomaten zufügen, mit Salz und Zucker würzen und die Sauce 10 Minuten unter Rühren köcheln lassen. Die Sauce separat zu den Schweinefleischigeln reichen.

Die »Igel« sind eine sehr aparte Variante der in China »Dim sum« genannten kleinen Häppchen, die man üblicherweise am Morgen oder am frühen Nachmittag als kleine Zwischenmahlzeit verzehrt.

Fleischlose Snacks aus fernen Ländern – hier zweimal mit Hülsenfrüchten zubereitet.

Mit Kichererbsen und Bohnen

Falafel

Für etwa 25 Stück
300 g getrocknete Kichererbsen
80 g Zwiebel
2 Knoblauchzehen
1/2 TL gemahlener Kreuzkümmel
1/2 TL gemahlener Koriander
1/4 TL Chilipulver
Salz, frisch gemahlener schwarzer Pfeffer
1 TL Zitronensaft
2 EL gehackte Petersilie, 1 Ei

Außerdem:
Pflanzenöl zum Frittieren

Die Kichererbsen in einer Schüssel mit kaltem Wasser bedecken und über Nacht einweichen. In ein Sieb schütten und gründlich abspülen. In einem Topf mit 1 1/2 l Wasser zum Kochen bringen und bei reduzierter Hitze im geschlossenen Topf in etwa 50 Minuten weich kochen. Das Kochwasser abgießen, dabei 80 ml auffangen und beiseite stellen. Die Kichererbsen gut abtropfen lassen.

Zu den Kichererbsenbällchen schmeckt eine Joghurt-Gurken-Sauce, gewürzt mit Kreuzkümmel und Koriandergrün.

»Akara« heißen die Bohnenhäppchen in ihrem Ursprungsland Nigeria. Als Dip dazu passt beispielsweise eine sauer-scharfe Chilisauce.

Die Zwiebeln schälen, fein hacken und mit den Kichererbsen und dem aufgefangenen Kochwasser pürieren. Knoblauch schälen und fein hacken, mit den Gewürzen, dem Zitronensaft, der Petersilie und dem Ei zum Kichererbsenpüree geben, alles gut vermengen. Aus dem Teig mit angefeuchteten Händen Kugeln von jeweils etwa 30 g Gewicht formen.

Das Öl in einer Fritteuse auf 180 °C erhitzen und die Falafel darin portionsweise in 3 bis 4 Minuten knusprig ausbacken. Herausheben und auf Küchenpapier abtropfen lassen.

Frittierte Bohnenhäppchen

Der Teig für die Bohnenhäppchen ist nicht sehr fest, deshalb sollte man ihn wirklich langsam in das heiße Öl gleiten lassen, damit die Häppchen eine schöne Form bekommen.

60 g Schwarzaugenbohnen
50 g Zwiebel, 70 g rote Paprikaschote
60 g Speisestärke, 1 Eiweiß
Salz, frisch gemahlener Cayennepfeffer
Außerdem:
Pflanzenöl zum Frittieren

Die Bohnen über Nacht in Wasser einweichen. Abgießen und zwischen den Händen reiben, um die Schalen zu entfernen. Die Bohnenkerne mit 3 EL Wasser im Mixer fein pürieren. Die Zwiebel schälen und fein hacken. Die Paprikaschote von Stielansatz, Samen und Scheidewänden befreien und das Fruchtfleisch in kleine Würfel schneiden. Zwiebel, Paprika, Speisestärke und Eiweiß unter das Bohnenpüree mischen und mit Salz, Pfeffer und Cayennepfeffer kräftig würzen.

Das Öl in einer Fritteuse auf 140 °C erhitzen. Mit 2 Teelöffeln kleine Portionen Bohnenteig abstechen und in das heiße Öl gleiten lassen. In 5 Minuten unter Wenden knusprig frittieren, herausnehmen und auf Küchenpapier abtropfen lassen.

Dieses Rezept beweist einmal mehr, dass man die exquisiten Meeresbewohner keinesfalls nur roh schlürfen kann.

Austern gratiniert

In der Tat ist es nicht jedes Feinschmeckers Sache, Austern roh zu schlürfen. Manche stört die Konsistenz, andere der pure Meeresgeschmack. Wie auch immer, für solche Skeptiker ist diese hier vorgestellte, von der französischen Küche inspirierte Austernvariation wie geschaffen. Die Muschel wird mit

Ein echtes kulinarischen Highlight! Die Austern ruhen auf einem Bett aus Meersalz, so können sie während des Gratinierens im Ofen nicht umkippen und ihre köstliche Fracht verlieren.

einem Hack aus Zwiebel und Paprikawürfelchen bedeckt, mit einer Käsesauce überzogen und gratiniert. Das Ergebnis ist in jedem Fall beeindruckend und köstlich.

12 Austern (Fines de claires)
80 g Zwiebeln
2 Knoblauchzehen
200 g rote Paprikaschoten
2 EL Olivenöl
50 ml Weißwein
Salz, frisch gemahlener Pfeffer
1 EL gehackte Petersilie
Für die Sauce Mornay:
10 g Butter
15 g Mehl, 1/4 l Milch
Salz, frisch gemahlener weißer Pfeffer
1/2 Eigelb
50 ml Sahne
20 g frisch geriebener Cantal oder Beaufort
Außerdem:
Meersalz, Petersilienblättchen

Für die Sauce die Butter in einer Kasserolle zerlassen. Das Mehl einrühren und 1 bis 2 Minuten hell anschwitzen. Die Milch zugießen, glattrühren, salzen und pfeffern. Die Sauce unter ständigem Rühren etwa 20 Minuten köcheln lassen. Eigelb und Sahne verquirlen und die Sauce damit binden. Kräftig aufkochen lassen, die Sauce durch ein feines Sieb passieren, erneut erhitzen. Den Käse darin schmelzen.

In der Zwischenzeit die Austern vorsichtig öffnen. Dafür mit einem Spezialhandschuh jede Auster mit der gewölbten Seite nach unten gut festhalten. Mit einem Austernmesser am Scharnier einstechen und dieses durchtrennen. Das Messer ringsum zwischen den beiden Schalenhälften entlangführen und die obere, flache Klappe abnehmen.

Ein Blech mit ausreichend Meersalz füllen, die tiefen Schalenhälften mit dem Austernfleisch darin auf das Meersalz-Bett setzen und die Austern bis zur weiteren Verwendung kühl stellen.

Die Zwiebeln schälen und sehr fein hacken. Die Knoblauchzehen schälen und sehr fein hacken. Die Paprikaschoten halbieren, Stielansätze, Samen und Scheidewände entfernen und das Fruchtfleisch sehr klein würfeln.

Das Olivenöl in einer Pfanne erhitzen und die Zwiebel- und Knoblauchwürfel darin hell anschwitzen. Die Paprikawürfel unter Rühren 1 bis 2 Minuten mitschwitzen. Den Weißwein angießen, etwas reduzieren. Mit Salz und Pfeffer würzen. Die gehackte Petersilie einstreuen und 2 bis 3 Minuten mitgaren.

Die Zwiebel-Paprika-Mischung über die Austern verteilen und jeweils mit etwas Sauce Mornay übergießen. Die Austern im Salzbett unter dem vorgeheizten Grill kurz gratinieren. Mit Petersilie garnieren und sofort servieren.

Einfach in der Zubereitung, aber raffiniert im Geschmack, die Sandwiches werden in der Pfanne knusprig gebraten.

Heiße Sandwiches mit Jacobsmuscheln

Als pikante Ergänzung verlangen diese feinen Sandwiches nach einem würzigen Dip. Eine süß-scharfe chinesische Chilisauce oder einfach eine helle Sojasauce schmecken ganz besonders gut dazu.

250 g Jakobsmuschelfleisch (Nüsschen)
1 Knoblauchzehe
5 g frische Ingwerwurzel
60 g Frühlingszwiebeln
1 rote Chilischote
250 g Hackfleisch vom Schwein
Saft von 1/2 Kaffir-Limette
etwas gehackte Kaffir-Limettenschale
1 Ei
frisch gemahlener Pfeffer
Salz
etwas helle Sojasauce
1 TL gehacktes Koriandergrün
4 Scheiben Kastenweißbrot, etwa 1/2 cm dick geschnitten
Außerdem:
4 EL Pflanzenöl
Salatblätter zum Garnieren

Das Jakobsmuschelfleisch etwa 1/2 cm groß würfeln. Die Knoblauchzehe sowie die Ingwerwurzel schälen, beides sehr fein hacken. Die Frühlingszwiebeln putzen und ebenfalls fein hacken. Die Chilischote halbieren, Stielansatz, Samen und Scheidewände entfernen und das Fruchtfleisch in kleine Würfel schneiden.

Jakobsmuschelfleisch, Knoblauch, Ingwer, Frühlingszwiebeln, Chilischote, Hackfleisch, Limettensaft und -schale, Ei, Pfeffer, Salz, Sojasauce und Koriandergrün in einer Schüssel miteinander vermischen. Die Masse gleichmäßig auf den Brotscheiben verteilen und glatt streichen.

Das Olivenöl in einer Pfanne erhitzen. Die Brote zuerst mit der Fleischseite nach unten einlegen und bei nicht zu starker Hitze etwa 15 Minuten braten, wenden und auf der anderen Seite weitere 2 Minuten braten. Die Sandwiches aus der Pfanne nehmen und diagonal halbieren. Mit einer Garnitur aus verschiedenen Blattsalaten anrichten. Die Sandwiches wirklich heiß servieren, sie schmecken so am besten.

Pfannenfrisch serviert kommt das feine Aroma der Jakobsmuscheln sowie der Gewürze am besten zur Geltung.

Delikater Fisch und feine Meeresfrüchte, phantasievoll angerichtet, kommen immer gut an.

Filoförmchen mit Rührei

1 Blatt Filoteig (48 cm x 36 cm, 40 g)
etwas flüssige Butter
Für die Füllung:
200 g geräucherter Aal
200 g Erbsen in der Schote (80 g ausgepalt)
1 kleine rote Chilischote, 4 Eier
Salz, frisch gemahlener Pfeffer
20 g Butter
Außerdem:
1 Mini-Muffin-Blech mit 12 Vertiefungen
Schnittlauchspitzen

Das Teigblatt auf einer Arbeitsfläche ausbreiten und dünn mit zerlassener Butter bepinseln. Den Teig in Quadrate von 6 cm Kantenlänge schneiden. Das Muffinblech mit Butter auspinseln. Je 3 Teigquadrate so in eine Vertiefung des Muffinblechs legen, dass die Teigecken in die Höhe stehen. Die Teigquadrate am Boden etwas festdrücken und bei 180 °C im vorgeheizten Ofen nach Sicht in 6 bis 8 Minuten backen. Die Teigförmchen vorsichtig aus dem Blech lösen und abkühlen lassen.

Für die Füllung den Aal von Haut und Gräten befreien und in 2 cm große Stücke schneiden. Die Erbsen auspalen, in kochendem Salzwasser 5 bis 6 Minuten garen, in ein Sieb schütten und gut abtropfen lassen. Die Chilischote waschen, vom Stielansatz befreien und in feine Ringe schneiden, dabei die Samen entfernen.

Die Eier mit Salz und Pfeffer in einer Schüssel verquirlen und die Chiliringe unter die verquirlten Eier rühren. Die Butter in einer Pfanne zerlassen und die Eimasse hineingießen. Sobald sie zu stocken beginnt, mit einer Bratschaufel ständig rühren und zur Mitte schieben, bis das Rührei gleichmäßig cremig aussieht und noch feucht glänzt.

Das Rührei in die Filoteigförmchen füllen und je ein Aalstück auflegen. Mit Schnittlauchspitzen und den gekochten Erbsen garnieren.

Die Paprikamischung dient als köstliche Haube auf dem delikaten Muschelfleisch. Serviert in der eigenen Schale ist die raffinierte Kleinigkeit auch als Vorspeise sehr beliebt.

Miesmuscheln mit Paprika

Frisch aus dem Meer schmecken sie am besten. Dieses Rezept für Miesmuscheln kommt aus Spanien. Die Miesmuscheln Galiziens zählen zu den feinsten der Welt, ihr Fleisch ist besonders zart im Geschmack und von leuchtend oranger Farbe.

1 kg Miesmuscheln in der Schale
150 ml trockener Weißwein
2 Lorbeerblätter
12 Pfefferkörner
2 TL Zitronensaft
Salz, frisch gemahlener weißer Pfeffer
Für die Paprikamischung:
250 g Paprikaschoten, grün und rot
50 g Schalotten
1 EL Olivenöl
Salz, frisch gemahlener weißer Pfeffer

Die Muscheln unter fließendem kaltem Wasser abbürsten, geöffnete Exemplare wegwerfen, alle Sand- und Kalkreste entfernen und die Bärte mit den Fingern abziehen. Die Muscheln in einem Topf mit dem Wein, den Lorbeerblättern und den Pfefferkörnern zugedeckt 5 bis 6 Minuten dämpfen, bis sich die Muscheln geöffnet haben. Muscheln, die sich nicht öffnen, wegwerfen, da sie verdorben sind. Ein Sieb mit einem Baumwolltuch auslegen und den Muschelfond durchlaufen lassen. Den Fond mit Zitronensaft und, falls nötig, salzen und pfeffern und auf 4 bis 5 EL reduzieren. Für die Paprikamischung Paprikaschoten halbieren, von Samen und Scheidewänden befreien und das Fruchtfleisch in sehr feine Würfel schneiden. Schalotten schälen und sehr fein hacken. Das Öl erhitzen und die Schalottenwürfel darin bei mittlerer Hitze weich dünsten. 1 EL Muschelfond zugeben und einkochen lassen. Die Paprikawürfel zufügen und unter ständigem Rühren weich dünsten, wie im ersten Step oben gezeigt. Salzen und pfeffern. Restlichen Muschelfond über die Paprikawürfel gießen und einige Minuten köcheln lassen. Die Miesmuscheln ganz öffnen, jeweils eine Schalenhälfte wegwerfen, die Muschel in die andere Hälfte legen und weiterverfahren, wie im 2 Step gezeigt.

Die Paprikawürfel in den angeschwitzten Schalotten unter ständigem Rühren bei mittlerer Hitze weich dünsten. Würzen.

Die Muscheln in der Schale jeweils mit einem Löffel der heißen Paprika-Schalotten-Mischung bedecken. Sofort servieren.

Einmal als Koteletts mit feuriger mexikanischer Salsa, einmal als gefüllte Bällchen.

Lammfleisch

Das Fleisch von jungen Lämmern erfreut sich großer Beliebtheit, da es sehr zart und äußerst schmackhaft ist. Die Koteletts bleiben am Knochen besonders saftig. Sie sollten nur ganz kurz, dafür aber bei entsprechend großer Hitze gebraten werden. Dazu passt eine feurig-scharfe Salsa ausgezeichnet.

Lammkoteletts mit Salsa

12 Lammkoteletts mit verlängertem Rippenknochen (von je etwa 70 g)
Salz, frisch gemahlener Pfeffer
2 EL Olivenöl
Für die Marinade:
1 Knoblauchzehe
1 rote Chilischote
1 EL gehackter Rosmarin
1 EL gehackte Petersilie
1 TL gehackter Thymian
Schale und Saft von 1 unbehandelten Zitrone
3 EL Olivenöl
Für die Salsa:
500 g Fleischtomaten
60 g Zwiebeln
1 bis 2 Knoblauchzehen
80 g rote Paprikaschote
3 Jalapeño-Chilischoten (aus der Dose) oder 2 kleine frische Chilischoten
2 EL Tomatenmark
50 ml Gemüsebrühe
2 EL gehackte Petersilie
1 Prise Zucker
Salz, frisch gemahlener Pfeffer

Eine kleine Delikatesse sind diese mit Lammhack umhüllten Wachteleier. Das Fleisch des Mantels wird mit reichlich Kräutern gewürzt, die den Lammgeschmack wunderbar unterstreichen.

Für die Marinade den Knoblauch schälen und fein hacken. Die Chilischote waschen, Stielansatz entfernen und die Schote in Ringe schneiden, dabei die Samen entfernen. Die Knoblauchwürfel, Chiliringe, Kräuter, Zitronenschale mit dem Öl vermischen.

Von den Koteletts die Knochen abschaben. Die Kotellets salzen, pfeffern, auf ein Blech legen und mit der Marinade beträufeln.

Für die Salsa die Tomaten blanchieren, häuten, vierteln, Stielansätze und Samen entfernen und das Fruchtfleisch grob hacken. Zwiebel und Knoblauch schälen und hacken. Die Paprikaschote waschen, schälen, halbieren, Stielansatz und Samen entfernen und das Fruchtfleisch fein würfeln. Chilischoten aus der Dose abtropfen lassen und fein würfeln beziehungsweise die frischen putzen, quer in feine Streifen schneiden, dabei die Samen entfernen. Alles in einen Topf füllen. Tomatenmark und Brühe untermischen, Petersilie zufügen, mit Zucker, Salz und Pfeffer würzen. Alles aufkochen und bei geringer Hitze 10 bis 15 Minuten einkochen lassen, dabei ab und zu umrühren. Die Salsa abkühlen lassen.

Öl erhitzen und die Lammkotellets darin von beiden Seiten 1 bis 2 Minuten braten. Herausnehmen, auf einer Platte anrichten und mit der Sauce servieren.

Panierte Lammbällchen

Für etwa 20 Stück
250 g Hackfleisch vom Lamm
40 g weiße Zwiebeln, 1/2 Knoblauchzehe
30 g Möhrenwürfel, 1 EL Olivenöl
2 EL gehackte Kräuter (Thymian, Rosmarin, Petersilie)
1 Eigelb, Salz, frisch gemahlener Pfeffer
Für die Füllung:
20 Wachteleier
Zum Panieren:
40 g Mehl, 150 g Semmelbrösel, 2 Eier
Außerdem:
Pflanzenöl zum Frittieren

Das Hackfleisch in einer Schüssel mit einer Gabel zerpflücken. Zwiebeln und Knoblauch schälen und fein hacken. Das Öl in einer Pfanne erhitzen und Zwiebeln, Knoblauch und Möhrenwürfel darin anschwitzen. Die Kräuter untermischen. Den Pfanneninhalt und das Eigelb zum Hackfleisch geben. Salzen, pfeffern und alles gut durchmischen.

Die Wachteleier in einen Topf legen, mit heißem Wasser bedecken und 4 bis 5 Minuten kochen. Die Eier herausheben, kalt abschrecken und pellen.

Die Hackfleischmasse in Portionen von je 20 g teilen, flachdrücken und je ein Wachtelei damit umschließen.

Das Mehl und die Semmelbrösel jeweils auf einen tiefen Teller geben. Die Eier in einem weiteren Teller verquirlen. Das Öl in einem großen Topf oder einer Fritteuse auf 150 bis 160 °C erhitzen.

Die Bällchen zuerst in Mehl wenden – überschüssiges Mehl abklopfen – durch die Eier ziehen, in den Semmelbröseln wenden und portionsweise im heißen Fett goldgelb frittieren. Herausheben, auf Küchenpapier gut abtropfen lassen und warm servieren. Je nach Wunsch mit halbierten Cocktailtomaten und etwas Feldsalat garnieren.

Ungewöhnlich und sehr lecker: statt süßer, getrockneter Bananenscheibchen mal ein salziger Snack aus Kochbananen.

Die beliebten Früchte einmal herzhaft: mit Schinken oder als gesalzene Chips.

Bananen

Bananenchips

Einfacher kann man einen Snack kaum herstellen: Bananen in Scheiben schneiden, frittieren und leicht salzen. Wichtig ist allerdings, wirklich die mehligen Koch- oder Gemüsebananen zu erwischen; die weicheren Obstbananen sind hier nicht das Richtige.

750 g grüne (unreife) Kochbananen
Außerdem:
1/2 l Pflanzenöl zum Frittieren
etwas Meersalz zum Bestreuen

Die Bananen mit einem Messer schälen und in etwa 3 cm dicke Scheiben schneiden. Das Öl in einer Fritteuse auf 180 °C erhitzen und die Bananen darin portionsweise 2 bis 3 Minuten ausbcken. Herausnehmen und auf Küchenpapier abtropfen lassen. Die Bananenscheiben mit einem breiten Messer auf knapp 2 cm Dicke flachdrücken; es macht nichts, wenn sie dabei an den Rändern etwas aufspringen.

Die flachgedrückten Scheiben erneut ins heiße Öl gleiten lassen und in weiteren 1 bis 2 Minuten goldbraun backen. Herausnehmen, kurz abtropfen lassen und mit Salz bestreuen. Lauwarm servieren.

Bananenbällchen

Für 24 Stück
750 g Obstbananen, Salz
1 rote Chilischote
frisch gemahlener Pfeffer
100 g rote Paprikaschote
250 g gekochter Schinken am Stück
1 EL Pflanzenöl
15 g Speisestärke
Außerdem:
Pflanzenöl zum Frittieren
24 Zahnstocher
24 Papierkapseln
grob gemahlener schwarzer Pfeffer

Die Bananen ungeschält etwa 10 Minuten in Salzwasser kochen. Die Früchte herausnehmen und schälen. Das Fruchtfleisch mit einem Kartoffelstampfer zu einem festen Püree verarbeiten; es sollten sich etwa 450 g davon ergeben.

Die Chilischote von Stielansatz, Samen und Scheidewände entfernen und das Fruchtfleisch fein hacken. Unter das Bananenpüree rühren, mit Salz und Pfeffer würzen. Die Speisestärke mit wenig kaltem Wasser anrühren und untermischen. Aus der Bananenmasse mit angefeuchteten Händen kleine Bällchen von etwa 20 g Gewicht formen.

Die Paprikaschote halbieren, Stielansatz, Samen und Scheidewände entfernen und das Fruchtfleisch in 0,5 x 2 cm große Streifen schneiden. Den Schinken in 2,5 x 3 cm große Stücke schneiden. Das Öl erhitzen und den Schinken darin anbraten.

Öl in einer Fritteuse auf 180 °C erhitzen und die Bananenbällchen darin goldbraun ausbacken. Herausheben und auf Küchenpapier abtropfen lassen.

Je ein Bananenbällchen, einen Paprikastreifen und ein Stück Schinken auf einen Zahnstocher stecken. Mit grob gemahlenem Pfeffer bestreuen, in die Papierkapseln setzen und servieren.

In Papierkapseln serviert, machen sich die Bananenbällchen mit Paprikastücken und Schinken besonders attraktiv.

Ein gesunder Snack sind die Tofu-Cakes mit Gemüse und Kräutern. Als Dip dazu kann man eine bunte, leichte Paprikasauce reichen.

Vollwertige Küchlein, bei denen sicher auch Nicht-Vegetarier gerne zugreifen werden.

Tofu-Cakes

Unter der japanischen Bezeichnung Tofu ist der vielseitige »Quark« aus Sojabohnen mittlerweile weit über die Grenzen Asiens hinaus bekannt. Es gibt ihn in vielen verschiedenen Sorten mit unterschiedlicher Würzung und Festigkeit. Tofu bekommt man in gut sortierten Lebensmittelgeschäften oder in Asienläden. Er sollte kühl und in Wasser aufbewahrt werden, das man jeden Tag wechselt.

200 g mittelfester Tofu
30 g fein gewürfelte Möhre
30 g fein gewürfelter Lauch
20 g fein gehackte Frühlingszwiebel
1 EL gehackte Kräuter (Petersilie, Schnittlauch)
1 Ei, 50 g Weizenmehl Type 1050
Salz, frisch gemahlener Pfeffer
Für den Paprika-Dip:
100 g rote, gelbe und/oder grüne Paprikaschote
30 g weiße Zwiebel
4 EL Olivenöl
2 EL Weißweinessig
6 EL Gemüsefond
Salz, frisch gemahlener Pfeffer
1 EL gehackte Petersilie
Außerdem:
3 EL Pflanzenöl zum Braten
Zahnstocher
Blättchen von glatter Petersilie

Zunächst die Sauce zubereiten. Dafür die Paprikaschoten mit einem Kartoffelschäler dünn abschälen. Stielansätze, Samen und Scheidewände entfernen und das Fruchtfleisch in sehr kleine Würfel schneiden. Die Zwiebel schälen und fein hacken.

Das Öl in einer Kasserolle erhitzen und die Paprika- und Zwiebelwürfel darin anschwitzen. Mit Essig und Gemüsefond ablöschen und die Sauce vom Herd nehmen. Mit Salz und Pfeffer würzen, die Petersilie einrühren und die Sauce lauwarm abkühlen lassen.

Den Tofu trockentupfen und mit einer Gabel fein zerdrücken. Möhre, Lauch, Frühlingszwiebel und die Kräuter untermischen. Das Ei und das Mehl zufügen, salzen, pfeffern und alles mit den Händen zu einem Teig verkneten. Sollte dieser zu weich sein, noch etwas Mehl einarbeiten.

Aus dem Tofuteig 16 Cakes von je 20 g formen. Das Öl erhitzen und die Taler darin bei mittlerer Hitze von jeder Seite 2 bis 3 Minuten braten.

Die Tofu-Cakes auf einer Platte anrichten. Zahnstocher in die Taler stecken und alles mit Petersilienblättchen garnieren. Die Sauce separat dazu reichen.

Süße Kleinigkeiten

Süße Leckereien wie Petit fours & Co. erfreuen nicht nur das Auge, sie runden auch jedes kulinarische Ereignis vortrefflich ab. Und die Möglichkeiten, seine Gäste – und sich selbst – mit einem süßen Abschluss zu verwöhnen, sind ungezählt:

Von kleinen Keksen über ausgebackene Krapfen, von fruchtigen Stückchen bis hin zu cremigen Törtchen reicht die Palette der süßen Verführungen.

Typisch holländisch ist das flache Land – mit Bäumen, einem kleinen Bach und einer Windmühle, die zum Wohnhaus umgebaut wurde. Ebenso typisch sind die Smoutebollen, leckere Mini-Krapfen, die es in vielen Varianten gibt.

Kleine Krapfen auf holländische Art! Mit Puderzucker besiebt, schmecken sie noch warm besonders gut.

Smoutebollen

Ob zum Dessert oder zum Nachmittagskaffee – dieses kleine frittierte Gebäck ist in den Niederlanden sehr beliebt. Man isst es auch gern einfach so, zwischendurch, wenn nach dem Einkaufsbummel der Magen knurrt. Die »bollen« kann man nämlich so gut wie überall an Straßenständen kaufen. Eine leckere Variante des gleichen Grundrezeptes sind »Appelflappen«, durch den Teig gezogene und ausgebackene Apfelringe. Diese verzehrt man, bestreut mit einer Zucker-Zimt-Mischung, ebenfalls ganz frisch, am besten noch warm.

»Oliebollen« nennen die Holländer diese Teigkugeln auch, weil sie in heißem Öl ausgebacken werden. Für fruchtige Varianten rührt man kleine Apfel- oder Ananasstücke in den Teig. Oder man reicht, wie hier vorgeschlagen, eine fruchtige Sauce dazu.

80 ml Milch
15 g frische Hefe
200 g Mehl, 1 Ei
20 g Zucker
1 Prise Salz
100 ml helles Bier
25 g zerlassene Butter
Für die Erdbeersauce:
300 g Erdbeeren
3 cl Zitronensaft
80 g Zucker
2 cl Cognac
Außerdem:
Fett zum Ausbacken
Puderzucker zum Besieben

Für die Smoutebollen die Milch in einen kleinen Topf geben und lauwarm erhitzen. Die Hefe in die warme Milch hineinbröckeln und darin auflösen. Das Mehl in eine Schüssel sieben. Die Hefemilch zugeben und vollständig

unter das Mehl arbeiten. Das Ei trennen und das Eigelb mit dem Zucker, dem Salz, dem Bier und der zerlassenen Butter dazugeben und gut einarbeiten. Das Eiweiß zu steifem Schnee schlagen und vorsichtig unterheben. Den Teig mit einem Küchentuch abdecken und an einem warmen Ort gehen lassen, bis er ungefähr das Doppelte seines Volumens erreicht hat.

In der Zwischenzeit die Erdbeeren für die Sauce putzen, waschen und gut abtropfen lassen. Die Hälfte der Erdbeeren mit dem Zitronensaft pürieren. Das Erbeermus durch ein Sieb in eine Kasserolle passieren und mit dem Zucker kurz aufkochen. Die restlichen Erdbeeren in Stücke schneiden, zugeben und 1 bis 2 Minuten weiterkochen. Den Cognac einrühren und die Erdbeersauce erkalten lassen.

Das Fett in einem entsprechend großen Topf oder in der Fritteuse auf 180 °C erhitzen. Mit einem Teelöffel vom Teig kleine Nocken abstechen und in das heiße Fett gleiten lassen. Goldgelb ausbacken, mit Hilfe eines Schaumlöffels herausheben und auf Küchenpapier gut abtropfen lassen. Die Smoutebollen auf Tellern anrichten, mit Puderzucker besieben und die Erdbeersauce separat dazu reichen.

Kleine Windbeutel und zuckersüßes türkisches Gebäck.

Brandteig frisch frittiert

Cremekrapfen

Für den Brandteig:
90 g Mehl, 25 g Speisestärke
1/8 l Wasser, 25 g Butter
20 g Zucker
1 Prise Salz
abgeriebene Schale 1/2 unbehandelten Zitrone
2 Eier
Für die Füllcreme:
80 g Zucker, 10 g Speisestärke
1 Eigelb, 1/8 l Milch
1/4 Vanilleschote
etwas Puderzucker
200 ml Sahne
Außerdem:
Pflanzenöl zum Ausbacken

Für den Brandteig zunächst das Mehl sowie die Speisestärke auf ein Stück Papier sieben. Wasser, Butter, Zucker, Salz und Zitronenschale in einer Kasserolle unter ständigem Rühren aufkochen lassen. Die Mehlmischung auf einmal unter Rühren in die kochende Flüssigkeit schütten. Ständig weiterrühren, bis sich die Masse als Kloß vom Boden löst (abbrennt) und eine weiße Haut den Topfboden überzieht. Die Masse in eine Schüssel umfüllen, etwas abkühlen lassen. Zunächst 1 Ei unterrühren, bis es sich völlig mit der Masse verbunden hat. Erst dann das zweite Ei einarbeiten.

Das Öl in einem Topf oder der Fritteuse auf 180 °C erhitzen. Den Teig teelöffelweise abstechen, zu Krapfen formen und im heißen Fett goldgelb ausbacken. Die Krapfen mit dem Schaumlöffel herausheben und auf Küchenpapier gut abtropfen lassen.

Für die Creme 15 g Zucker mit der Speisestärke, dem Eigelb und etwa 1/4 der Milch mit dem Schneebesen glattrühren. Die restliche Milch mit weiteren 15 g Zucker und der aufgeschlitzten Vanilleschote zum Kochen bringen. Die angerührte Speisestärke nochmals durchrühren, in die Vanillemilch einrühren und die kochende Milch damit binden. Unter ständigem Rühren mehrmals aufkochen lassen, vom Herd nehmen und die Creme mit Puderzucker besieben – so bildet sich beim Abkühlen keine Haut. Die Vanillecqreme erkalten lassen und durch ein Sieb passieren.

Die Sahne mit dem restlichen Zucker sehr steif schlagen und mit dem Schneebesen unter die kalte Creme ziehen. Die Creme in einen Spritzbeutel mit Lochtülle Nr. 2 füllen und die Brandteigbällchen damit füllen. Ganz frisch servieren.

Tulumba tatlısı herstellen:

Auf jeden Pergamentpapierstreifen mit dem Spritzbeutel nebeneinander 3 Teigstreifen aufspritzen.

Die Teigstreifen mit dem Messer in 5,5 cm lange Stücke schneiden, das ergibt pro Blatt 9 Stücke.

Tulumba tatlısı

Ein Desserts wie aus Tausendundeiner Nacht: In schwimmendem Fett ausgebacken und mit zuckersüßem Sirup getränkt, gehören diese Spritzkuchen zum Standardrepertoire der türkischen Konditoren und Zuckerbäcker.

Für den Sirup:
1 unbehandelte Zitrone, 5 Stück Würfelzucker
400 g Zucker
Für die Spritzkuchen:
30 g Butter, 1 Prise Salz, 20 g Zucker
70 g Hartweizengrieß, 180 g Mehl, 4 Eier
Außerdem:
Fett zum Ausbacken, Pergamentpapier
zerlassene Butter zum Einfetten
20 g gehackte Pistazien zum Bestreuen

Für den Sirup die Zitrone unter fließendem heißem Wasser abbürsten, abtrocknen und mit dem Würfelzucker die Schale abreiben – der Zucker nimmt das Zitronenaroma auf. Den Saft auspressen. In einem Topf 1/2 l Wasser, Würfelzucker, Zitronensaft und Zucker zum Kochen bringen. So lange kochen, bis sich der Zucker aufgelöst hat. Vom Herd nehmen und erkalten lassen. Für den Spritzkuchenteig 1/4 l Wasser, Butter, Salz und Zucker unter ständigem Rühren einmal aufkochen. Den Grieß mit dem gesiebten Mehl auf einmal in die kochende Flüssigkeit schütten, dabei ununterbrochen kräftig weiterrühren, bis sich die Masse als Kloß vom Topfboden löst, »abbrennt«, und eine weiße Haut den Topfboden überzieht. Den Teig in eine Schüssel umfüllen, etwas abkühlen lassen. 1 Ei unter die Masse rühren, bis es sich völlig mit dem Teig verbunden hat. Nacheinander die restlichen Eier einzeln einarbeiten. Den Teig in einen Spritzbeutel mit Sterntülle Nr. 11 füllen. 4 Pergamentpapierstreifen in der Größe 15 x 20 cm zurechtschneiden und mit zerlassener Butter bestreichen. Weiterverfahren, wie in den beiden Steps unten links gezeigt. Das Öl in einem Topf oder der Fritteuse auf 180 °C erhitzen. Die Pergamentstreifen anheben, umdrehen, auf das heiße Fett legen und abziehen. Die Spritzkuchen lagenweise goldgelb ausbacken. Vorsichtig herausheben und auf Küchenpapier gut abtropfen lassen. Die heißen Spritzkuchen in den Sirup tauchen. Herausnehmen und mit Pistazien bestreut servieren.

Eine süße Verführung: Genießen statt Kalorien zählen sollte man bei dieser orientalischen Köstlichkeit.

Ob gebacken oder frittiert, mit Früchten oder ohne – beide Gebäcke überzeugen durch ihren besonderen Geschmack.

Mohnringe & Kokosröllchen

Mohnringe

Während des Backens entfalten die gemahlenen Mohnsamen ihr angenehm nussiges Aroma.

Für etwa 45 Stück
Für den Teig:
175 g Butter
100 g Zucker
Mark von 1/2 Vanilleschote
1 Ei, 175 g Mehl
75 g Speisestärke
100 g gemahlener Mohn

Für die Glasur:
60 g Aprikotur
100 g Puderzucker
2 cl Zitronensaft
Außerdem:
Zesten von 1 unbehandelten Zitrone
Butter für das Blech

Für den Teig die Butter mit dem Zucker schaumig rühren. Das Vanillemark und das Ei zufügen und weiterrühren. Das Mehl mit der Speisestärke vermischen, sieben und mit dem Mohn vermengen. Die Mischung löffelweise unter die Buttermasse rühren. Ein Blech mit Butter fetten.

Den Teig in einen Spritzbeutel mit Sterntülle Nr. 6 füllen und Kringel von etwa 4 cm Durchmesser auf das Blech spritzen. Die Mohnringe bei 180 °C im vorgeheizten Ofen 8 bis 10 Minuten nach Sicht hellbraun backen, vom Blech nehmen und auf einem Kuchengitter abkühlen lassen.

Die Aprikotur erhitzen, die Kringel damit bestreichen und trocknen lassen. Den Puderzucker für die Glasur sieben und mit so viel Zitronensaft glatt rühren, dass ein dickflüssiger Guss entsteht. Die Kringel damit glasieren. Mit den Zitronenzesten bestreuen und gut trocknen lassen.

Das gewisse Etwas erhalten die knusprigen Mohnringe durch die fein säuerliche Zitronenschale, die in Zesten über die Glasur gestreut wird.

Kokosröllchen

Dieses Gebäck stammt aus Malaysia, dem Schmelztiegel Südostasiens. Hier treffen die Kulturen der Malaiien, Chinesen, Inder und vieler anderer Völker aufeinander. Die vielfältigen Einflüsse auf die Küche des Landes lassen sich bei diesem Rezept deutlich erkennen: Der knusprige Frühlingsrollenteig der Chinesen wird mit dem Aroma der in Malaysia so beliebten Kokosnuss kombiniert. Gefüllt sind die Röllchen mit dem Fruchtfleisch vollreifer Ananas. Für die Sauce werden herb-süße Maracujas verwendet.

Hauchdünn ausgebackener Teig umhüllt die feine Ananas-Marzipan-Füllung mit frischen Kokosnussraspeln. Der exotische Dip aus Maracujas und dem Saft von Zitrusfrüchten macht den Genuss komplett.

Für die Maracujasauce:
4 Maracujas (etwa 80 g Fruchtfleisch)
60 g Zucker
100 ml Orangensaft
20 ml Limettensaft
2 cl Rum
Für die Kokosröllchen:
20 ml Limettensaft
1/8 l Wasser
100 g Palmzucker
250 g Ananasfruchtfleisch
50 g Marzipanrohmasse
140 g frisch geraspelte Kokosnuss
20 Frühlingsrollen-Teigblätter (12,5 x 12,5 cm)
Außerdem:
1 Eiweiß, leicht verschlagen
Pflanzenöl zum Ausbacken
30 g frisch geraspelte Kokosnuss zum Bestreuen

Für die Sauce die Maracujas halbieren, das Fruchtfleisch mit einem Löffel auslösen. Das Fruchtfleisch mit Zucker, Orangen- und Limettensaft aufkochen und 5 Minuten köcheln lassen. Vom Herd nehmen und den Rum unterrühren. Die Sauce durch ein Sieb passieren und erkalten lassen. Für die Füllung der Kokosröllchen den Limettensaft mit dem Wasser sowie dem zerkleinerten Palmzucker aufkochen und 5 Minuten köcheln lassen. Das Ananasfruchtfleisch zufügen und weitere 5 Minuten köcheln lassen. Das Marzipan einrühren, bis es sich vollständig aufgelöst hat. Die Kokosraspel untermischen. Unter ständigem Rühren köcheln, bis die Flüssigkeit fast aufgesogen ist. Die Frühlingsrollen-Teigblätter füllen, wie in den beiden Steps rechts gezeigt. Dafür die Frühlingsrollenblätter auf einer Arbeitsfläche ausbreiten und die Ränder mit Eiweiß bestreichen. Das Öl in einem Topf oder der Fritteuse auf 180 °C erhitzen und die Teigröllchen darin portionsweise in 2 bis 3 Minuten goldgelb frittieren. Mit einem Schaumlöffel herausheben und auf Küchenpapier gut abtropfen lassen. Die Kokosraspel in einer beschichteten Pfanne rösten. Die Röllchen mit den Kokosraspeln bestreuen und mit der Maracujasauce servieren.

Die Füllung diagonal auf den Teigblättern verteilen. Die kurzen Enden einklappen und die Oberfläche mit Eiweiß bestreichen.

Eine freie Ecke über die Ananas-Kokos-Füllung schlagen, leicht andrücken und den Teig mit beiden Händen aufrollen.

Kleine Brandteigtupfen, gefüllt mit einer sahnigen Vanillecreme.

Profiteroles

Profiteroles werden nach dem gleichen Prinzip hergestellt wie Windbeutel, und ebenso vielfältig wie diese lassen sie sich auch füllen. In diesem Rezept wird eine selbst gekochte Vanillecreme vorgeschlagen, doch kann man selbstverständlich auch einfach steif geschlagene, leicht gesüßte und ganz nach Belieben – etwa mit Vanillemark oder löslichem Kaffeepulver – aromatisierte Sahne verwenden. Wer möchte, besiebt die Profiteroles darüber hinaus vor dem Servieren mit Puderzucker und Kakaopulver.

Das gesiebte Mehl auf einmal zuschütten, dabei kräftig weiterrühren. Die Masse bei mittlerer Hitze so lange weiterrühren, bis sie sich als Kloß vom Topf löst und eine weiße Haut den Boden überzieht.

Die Masse in eine Schüssel umfüllen und etwas abkühlen lassen. 1 Ei unter die Masse rühren, bis es sich völlig mit dem Teig verbunden hat.

Nacheinander alle Eier einarbeiten, dabei jedes Ei gut unterrühren, bevor das Nächste folgt. Der Teig soll glatt sein, glänzen und weich vom Löffel fallen.

Den Teig in einen Spritzbeutel mit Sterntülle füllen und die Profiteroles mit genügend Abstand auf ein gefettetes Backblech spritzen.

Für den Brandteig:
100 g Mehl, 1/8 l Milch
60 g Butter, 1 Prise Salz
1/2 TL Zucker
3 bis 4 Eier
Für die Vanillecreme:
50 g Zucker
20 g Speisestärke
2 Eigelbe, 1/4 l Milch
Mark von 1/4 Vanilleschote
300 ml Sahne
Außerdem:
Puderzucker zum Besieben

Zum Füllen wie geschaffen ist dieses luftige Gebäck aus Brandteig: Denn beim Backen gehen die Profiteroles stark auf, wobei sich im Innern ein Hohlraum bildet.

Das Mehl auf ein Stück Papier sieben. In einer Kasserolle Milch, Butter, Salz und Zucker unter ständigem Rühren einmal aufkochen und weiterverfahren, wie in der Bildfolge links gezeigt. Die Profiteroles bei 220 °C im vorgeheizten Ofen 15 bis 20 Minuten backen. Herausnehmen und auskühlen lassen.

Für die Vanillecreme die Hälfte des Zuckers mit der Speisestärke, den Eigelben und 1/4 der Milch mit dem Schneebesen verrühren. In einem großen Topf die restliche Milch mit dem restlichen Zucker und dem Vanillemark zum Kochen bringen. Die angerührte Speisestärke unter Rühren langsam in die kochende Milch gießen. Die Creme unter Rühren aufkochen, vom Herd nehmen, in eine Schüssel umfüllen, die Creme mit Puderzucker besieben – so bildet sich keine Haut – und erkalten lassen.

Die Vanillecreme durch ein Sieb streichen. Die Sahne steif schlagen und unterziehen. Die Creme in einen Spritzbeutel mit Lochtülle füllen. Die Profiteroles mit einem spitzen Messer an der Unterseite leicht einstechen und jeweils etwas Creme hineinspritzen.

Das Bemühen um attraktive Formen lässt sich in den arabischen Ländern auf Schritt und Tritt feststellen – und das keineswegs ausschließlich in der Baukunst!

Ein orientalisches Gebäck, das mit einer delikaten Füllung aus frischen Datteln sicher Freunde findet.

Gazellenhörner

Im ganzen Vorderen Orient und in Nordafrika liebt man mit dünnem Teig umhüllte Süßigkeiten, deren Füllung aus gemahlenen Mandeln, Pistazien, Feigen oder Datteln besteht. Die »Gazellenhörner« stammen vermutlich aus dem östlichen Nordafrika; in Marokko heißen sie »khab el ghazal« und werden mit einer Mandelfüllung zubereitet. Die folgende Dattelfüllung ist noch etwas feiner und saftiger.

Für 24 Stück
Für den Teig:
250 g Mehl, 3 EL Pflanzenöl
1 EL Orangenblütenwasser
1 Eigelb, 2 bis 3 EL Wasser
Für die Füllung:
400 g frische Datteln
40 g gemahlene geschälte Mandeln
40 g gemahlene Erdnüsse, 4 EL Erdnußöl
1/2 TL gemahlener Zimt
1 Messerspitze gemahlener Kardamom
1 EL Orangenblütenwasser, 1 EL Honig
Außerdem:
1 Blech, Fett für das Blech
1 Eigelb zum Bestreichen, Puderzucker

Für den Teig das Mehl in eine Schüssel sieben und in die Mitte eine Mulde drücken. Die übrigen Zutaten hineingeben und alles zu einem festen, glatten Teig verkneten. In Folie wickeln und im Kühlschrank mindestens 1 Stunde ruhen lassen.

Für die Füllung die Datteln mit heißem Wasser waschen, gut trocknen, entsteinen und fein hacken. Mit den restlichen Zutaten für die Füllung zu einer festen Masse vermengen. Den Teig halbieren und jede Hälfte auf einer bemehlten Arbeitsfläche zu einer Teigplatte von 25 x 55 cm ausrollen. Auf jeder Platte 12 Rechtecke markieren.

Weiterverfahren, wie in der Bildfolge unten gezeigt. Die gefüllten und geformten Gazellenhörner auf dem Blech 15 bis 20 Minuten ruhen lassen. Bei 190 °C im vorgeheizten Ofen in etwa 15 Minuten schön hellbraun backen. Die Gazellenhörner noch heiß in Puderzucker wälzen.

Auf jedes Teigrechteck mit etwas Abstand zwei längliche Häufchen der Dattelfüllung setzen. Die vordere Hälfte des Teiges mit verquirltem Eigelb bestreichen.

Von der Längsseite her über die Füllung schlagen, mit den Fingern ringsum fest andrücken und zwischen den beiden Häufchen mit der Handkante eindrücken.

Mit einem gezackten Teigrädchen den Teig um die Füllungen herum in 2 Bögen abschneiden. In der Mitte soll ein deutlicher Ausschnitt sichtbar sein.

Das Blech ganz leicht fetten. Die Teigstücke so biegen, dass die Zackenkante nach außen zu liegen kommt. Die Oberfläche mit Eigelb bestreichen.

Apart in Optik und Geschmack: Die Maracujawürfel eignen sich nicht nur als Begleiter zum Nachmittagskaffee, sie machen sich auch auf einem Buffet ganz hervorragend.

Das intensive Aroma und der herb-süße Geschmack reifer Maracujas kommt in dem Gelee voll zur Geltung.

Maracujawürfel

Für die angegebene Menge Fruchtfleisch von insgesamt 400 g benötigt man je nach Sorte und Größe unterschiedlich viele Passionsfrüchte. Von den Gelben braucht man etwa 6 Stück. Sehr gut eignen sich auch die kleineren Roten Passionsfrüchte, Purpurgranadillas genannt, die hier zu Lande häufig auch als Maracujas angeboten werden und sich durch einen angenehm süß-säuerlichen Geschmack auszeichnen. Davon sollten es dann 16 bis 17 Stück sein.

Für 56 Stück
Für den Mürbteig:
200 g Mehl, 100 g kalte Butter, in Stücken
40 g Puderzucker, 1 Eigelb, 1 Messerspitze Salz
Für das Maracujagelee:
200 g Maracujafruchtfleisch, 225 g Zucker
150 ml trockener Weißwein
5 Blatt weiße Gelatine
Für die Maracujacreme:
5 Blatt weiße Gelatine
200 g Maracujafruchtfleisch
120 g Zucker, je 60 ml Wasser und Weißwein
300 ml Sahne, 3 Eigelbe
Außerdem:
Mehl, Backpapier für das Blech
1 rechteckige Form von 22 x 24 cm

Das Mehl sieben und in die Mitte eine Mulde drücken. Butterstücke, Puderzucker, Eigelb und Salz hineingeben und alles rasch zu einem glatten Mürbteig verkneten. In Folie wickeln und 1 Stunde kühl ruhen lassen. Den Teig auf einer bemehlten Arbeitsfläche 4 bis 5 mm dick ausrollen, in der Größe der Form ausschneiden und auf ein mit Backpapier ausgelegtes Blech legen. Mit einer Gabel mehrmals einstechen. Bei 200 °C im vorgeheizten Ofen auf der mittleren Schiene in 8 bis 10 Minuten nach Sicht hellbraun backen. Herausnehmen und abkühlen lassen. Für das Gelee das Maracujafruchtfleisch mit Zucker und Wein unter Rühren langsam zum Kochen bringen, dabei den entstehenden Schaum mit einem Löffel abnehmen. Die Mischung 4 bis 5 Minuten kochen lassen, dabei die Zuckerkristalle, die sich am Topfrand absetzen, mit Pinsel und Wasser abwischen. Die Mischung durch ein feines Sieb passieren, den aufgefangenen Sirup etwas abkühlen lassen und die kalt eingeweichte und gut ausgedrückte Gelatine unter Rühren darin auflösen. Weiterverfahren, wie im ersten Bild gezeigt. Für die Creme die Gelatine in wenig kaltem Wasser einweichen. In einer Kasserolle das Maracujafruchtfleisch mit Zucker, Wasser und Weißwein aufkochen und bei mittlerer Hitze um etwa 1/3 einkochen lassen. Inzwischen die Sahne steif schlagen. Die Maracujamischung durch ein Sieb passieren, die Eigelbe unter den Fruchtsirup rühren, in einen Topf umfüllen und alles nochmals unter ständigem Rühren mit einem Schneebesen bis kurz vor den Siedepunkt erhitzen. Die ausgedrückte Gelatine darin auflösen, vom Herd nehmen und abkühlen lassen. Kurz bevor die Creme zu gelieren beginnt, die geschlagene Sahne mit dem Schneebesen unterheben und weiterverfahren, wie unten gezeigt. Die Form aus dem Kühlschrank nehmen und bis zum oberen Rand kurz in heißes Wasser tauchen. Auf ein Schneidebrett stürzen, die Torte aus der Form lösen und in Würfel mit 3 cm Kantenlänge schneiden.

Den Maracujasirup in die rechteckige Form einfüllen und im Kühlschrank erstarren lassen.

Die Maracujacreme gleichmäßig auf der erstarrten Geleeschicht verteilen, glatt streichen.

Den blindgebackenen Mürbteigboden auflegen und die Torte 3 bis 4 Stunden kühl stellen.

Mal ergänzt fein aromatisiertes Marzipan das Obst, mal eine sahnig-frische Quarkcreme.

Minis mit Kirschen und Erdbeeren

Sauerkirsch-Mandel-Schnitten

Eine bewährte Kombination: Die säuerlichen Kirschen aus dem Glas passen sehr gut zum Marzipan.

Für 20 Stück
250 g Blätterteig
Für die Füllung:
300 g Marzipanrohmasse, 70 ml Läuterzucker
3 cl Rum, 200 g Sauerkirschen aus dem Glas
350 ml Sahne, 40 g Puderzucker

Außerdem:
Mehl, 1 Eigelb, 20 g Hagelzucker

Den Blätterteig auf einer leicht bemehlten Arbeitsfläche zu einer Platte von 25 x 32 cm ausrollen. Mit einem glatten Teigrädchen Rechtecke von 5 x 8 cm ausschneiden. Ein Blech mit Wasser benetzen, die Rechtecke daraufsetzen und 30 Minuten ruhen lassen. Das Eigelb mit 1 EL Wasser verquirlen. Den Teig damit bestreichen und mit Hagelzucker bestreuen. Die Teigrechtecke bei 210 °C im vorgeheizten Ofen etwa 15 Minuten backen. Noch heiß vom Blech nehmen, einmal horizontal durchschneiden und auskühlen lassen. Marzipan, Läuterzucker und Rum zu einer streichfähigen Masse verkneten. Diese in einen Spritzbeutel mit Lochtülle Nr. 11 füllen und die Schnitten fertigstellen, wie links gezeigt. Dafür die Kirschen abtropfen lassen. Die Sahne mit dem Puderzucker steif schlagen und in einen Spritzbeutel mit Sterntülle Nr. 5 füllen.

Die Marzipanfüllung gleichmäßig auf die Unterseite der Rechtecke spritzen. Je 3 Kirschen aufsetzen.

Die steifgeschlagene Sahne in Spiralen auf die Kirschen spritzen. Die Oberteile der Rechtecke aufsetzen.

Erdbeer-Quark-Würfel

Die klassische Quarktorte mit Erdbeeren und Biskuitteig wird hier zu handlichen Häppchen – optisch ansprechend und sommerlich frisch.

Für 36 Stück
Für die Biskuitmasse:
3 Eigelbe, 1 Prise Salz, 1/4 TL abgeriebene, unbehandelte Zitronenschale, 40 g Zucker
2 Eiweiße, 35 g Mehl, 10 g Speisestärke
Für den Belag:
5 Blatt weiße Gelatine, 3 Eigelbe, 130 g Zucker
1/2 TL abgeriebene, unbehandelte Orangenschale, 1/2 TL abgeriebene, unbehandelte Zitronenschale
1 Messerspitze Salz, 40 ml Orangensaft
10 ml Zitronensaft, 80 ml Milch
330 g abgetropfter Quark, durch ein Sieb gestrichen
330 ml Sahne, 400 g Erdbeeren
Außerdem:
1 verstellbarer rechteckiger Rahmen
Pergamentpapier
300 ml Sahne, 30 g Zucker, Kakaopulver
9 Erdbeeren, längs geviertelt

Für den Biskuit die Eigelbe mit Salz, Zitronenschale und 1/4 des Zuckers schaumig rühren. Die Eiweiße steif schlagen, dabei den restlichen Zucker einrieseln lassen und zu schnittfestem Schnee schlagen. Die Eigelbmischung unterziehen, Mehl und Speisestärke darüber sieben und unterheben. Den Rahmen auf 24 x 24 cm einstellen und auf ein mit Pergamentpapier ausgelegtes Blech setzen. Die Biskuitmasse in den Rahmen füllen und glattstreichen. Bei 230 °C im vorgeheizten Ofen 5 bis 6 Minuten backen. Herausnehmen, den Biskuit vom Rahmen lösen, auf ein Stück Pergamentpapier stürzen und auskühlen lassen. Dann erst das anhaftende Papier abziehen. Den Boden auf eine rechteckige Platte legen und wieder mit dem Rahmen umschließen. Für den Belag die Gelatine einweichen. Eigelbe, Zucker, Zitrusschalen, Salz, Orangen- und Zitronensaft sowie die Milch gut verrühren. Bei mittlerer Hitze unter ständigem Rühren erhitzen. Vom Herd nehmen, sobald die Creme einzudicken beginnt, und die ausgedrückte Gelatine unter Rühren darin auflösen. Die Creme leicht abkühlen lassen, durch ein Sieb streichen und portionsweise unter den Quark rühren. Die Sahne steif schlagen und unterziehen. Die Erdbeeren putzen, waschen, abtropfen lassen und längs halbieren. Zuerst etwas Creme, dann die Erdbeeren auf dem Boden verteilen. Die restliche Creme darüber verteilen, glatt streichen und 3 bis 4 Stunden kühl stellen. Den Rahmen lösen und entfernen. Den Teig in Würfel von 4 cm Kantenlänge schneiden. Die Sahne mit dem Zucker steif schlagen. Mit einem Spritzbeutel mit Sterntülle Nr. 7 eine Sahnerosette auf jeden Würfel spritzen. Diese mit Kakao bestauben und jeweils ein Erdbeerviertel darauf setzen.

Fruchtige Würfel: Nicht nur optisch ein Genuss sind diese süßen Stückchen, die man ganz nach Belieben belegen und garnieren kann.

Ein traditionelles Gebäck aus Österreich: Gefüllte Biskuithalbkugeln mit einem Überzug aus Schokolade.

Süße Kugeln

Marzipankartoffeln

Diese süßen Kugeln erfordern eine sehr stabile Biskuitmasse, um daraus Halbkugeln formen zu können. Sie werden mit einer leichten Schokoladencreme und Konfitüre gefüllt, von einer Marzipandecke umhüllt und in Kakaopulver gewälzt.

Für 24 Stück
Für die Biskuitmasse:
3 Eigelbe, 60 g Zucker, 4 Eiweiße
50 g Speisestärke, 40 g Mehl
Für die Füllung:
130 g Butter
80 g Kuvertüre, geschmolzen
2 cl Rum, 3 Eiweiße
110 g Zucker
200 g Johannisbeerkonfitüre
Für die Hülle:
100 g Johannisbeerkonfitüre
500 g Marzipanrohmasse, 200 g Puderzucker
Außerdem:
Backpapier, Puderzucker zum Ausrollen
Kakaopulver zum Wälzen der Kartoffeln
Papierkapseln

Für die Biskuitmasse die Eigelbe mit 15 g Zucker leicht schaumig rühren. Die Eiweiße zu Schnee schlagen, den restlichen Zucker einrieseln lassen und zu einem absolut schnittfesten Eischnee weiterschlagen. Erst die gesiebte Speisestärke, dann das gerührte Eigelb und zuletzt das gesiebte Mehl unter den Eischnee ziehen. Die Masse in einen Spritzbeutel mit Lochtülle Nr. 10 füllen und Halbkugeln von etwa 4 cm Durchmesser mit Abstand auf die mit Backpapier ausgelegten Bleche spritzen, wie gezeigt. Bei 190 °C im vorgeheizten Ofen in 6 bis 10 Minuten schön hellbraun backen, dabei die Ofentür etwas offen lassen, damit die Feuchtigkeit abziehen kann. Für die Schokoladenfüllung die Butter schaumig rühren, die lauwarme Kuvertüre einarbeiten und den Rum unterrühren. Die Eiweiße zu sehr steifem Schnee schlagen, dabei den Zucker einrieseln lassen. Den Eischnee unter die schaumige Buttermasse ziehen. Die Biskuitschalen auf der Unterseite mit einem spitzen Messer etwas aushöhlen und auf eine Arbeitsfläche setzen. Die Schokoladencreme in einen Spritzbeutel mit Lochtülle Nr. 6 füllen und in die Hälfte der Schalen spritzen. Die andere Hälfte mit der Konfitüre füllen. Je zwei unterschiedlich gefüllte Schalen zu Kugeln zusammensetzen. Für die Hülle die Johannisbeerkonfitüre unter Rühren aufkochen und die Kugeln mit Hilfe eines Pinsels damit einstreichen; etwas antrocknen lassen. Die Marzipanrohmasse mit dem Puderzucker verkneten, auf einer mit Puderzucker besiebten Arbeitsfläche 2 bis 3 mm stark ausrollen und zu Quadraten schneiden. Die Kartoffeln damit einhüllen, wie in den Steps unten gezeigt. Ein paar kleine »Löcher« eindrücken, um die »Augen« der Kartoffeln anzudeuten. Die Kugeln in Kakaopulver wälzen, überschüssigen Kakao leicht abklopfen und in Papierkapseln setzen.

Mohrenköpfe

Für etwa 30 Stück
Für die Mandelsoufflémasse:
6 Eiweiße, 100 g Zucker
35 g Speisestärke (Weizenpuder)
220 g geschälte, fein geriebene Mandeln
170 g Puderzucker
Für die Canache-Glasur:
1/8 l Milch, 85 ml Sahne, 50 g Zucker
65 ml Wasser, 65 g Glucosesirup
380 g Kuvertüre, gehackt oder gerieben
Für die Füllung:
700 ml Sahne, 15 g Puderzucker
150 g Himbeer- oder Erdbeerkonfitüre

Für die Soufflémasse Eiweiße, Zucker und Speisestärke zu Schnee schlagen. Die geriebenen Mandeln mit dem Puderzucker vermischen und unter den Eischnee ziehen. Die Masse in einen Spritzbeutel mit Lochtülle Nr. 10 füllen und auf die mit Backpapier ausgelegten Bleche 60 Halbkugeln von 4 bis 5 cm Durchmesser spritzen. Bei 160 °C im vorgeheizten Ofen etwa 20 Minuten nach Sicht backen. Herausnehmen und abkühlen lassen. Für die Glasur Milch, Sahne, Zucker, Wasser und Glucosesirup aufkochen. Vom Herd nehmen, die Kuvertüre darin auflösen und mit einem Mixstab homogenisieren. Die Hälfte der Halbkugeln mit Hilfe einer Trempiergabel in die Canache-Glasur tauchen und auf einem Kuchengitter abtropfen lassen. Die restlichen Halbkugeln in Papierkapseln setzen. Die Sahne mit dem Puderzucker steif schlagen, in einen Spritzbeutel mit Sterntülle Nr. 9 füllen und Rosetten aufspritzen. Dabei die Mitte nicht ganz ausfüllen, darin wird mit Hilfe einer Papiertüte ein Klecks Konfitüre plaziert. Die mit Glasur überzogenen Halbkugeln aufsetzen.

Der Original-Mohrenkopf – in Österreich »Indianer« genannt – benötigt keine Empfehlung. Aprikotiert und mit gekochter Schokoladenglasur braucht er nur noch Schlagsahne als Füllung.

Marzipankartoffeln:

Marzipan zu Quadraten von 8 x 8 cm schneiden. Biskuitkugeln in die Mitte legen und die Ecken nach oben zusammenschlagen.

Die Ecken mit 2 Fingern zusammendrücken, das überstehende Marzipan abschneiden. Die Kugeln nochmals rund drehen.

Mohrenköpfe:

Den Teig in etwa 4 cm großen Halbkugeln auf ein mit Backpapier belegtes Blech mit genügend Abstand spritzen.

Die Halbkugeln in 6 bis 10 Minuten bei 190 °C im vorgeheizten Ofen hellbraun backen. Herausnehmen.

Die frische Füllung aus Himbeergelee passt wunderbar zu den Haselnussmakronen und setzt gleichzeitig einen hübschen optischen Akzent.

Dekoratives Kleingebäck mit Haselnüssen sieht nicht nur auf einer Kaffeetafel schön aus.

Mit Haselnüssen

Makronenschnitten

Wer Abwechslung liebt, kann bei diesen Makronen nach Lust und Laune variieren. So kann man die Masse nach Wunsch mit Mandeln zubereiten, und die Füllung darf für alle, die's säuerlicher lieben, auch einmal aus Johannisbeergelee bestehen. Wie auch immer, wichtig ist, die Hände vor dem Formen gut anzufeuchten, da die Masse – sie wird ganz ohne Mehl zubereitet – sonst leicht klebt.

Für etwa 30 Stück
Für den Teig:
2 Eiweiße, 1 Prise Salz
200 g fein gemahlene Haselnüsse
150 g Zucker
3 TL Vanillezucker

Außerdem:
Backpapier für das Blech
150 g Himbeergelee
Puderzucker zum Bestauben

Eiweiße und Salz leicht anschlagen – es soll kein Eischnee entstehen. Haselnüsse, Zucker und Vanillezucker unterrühren.

Die Masse mit nassen Händen auf einer Arbeitsfläche zu 3 cm dicken Rollen von je 20 cm Länge formen. Mit dem Finger im Abstand von 2 cm quer zur Rolle etwa 1 cm tiefe Rillen eindrücken. An jedem Ende jeweils 1 cm Teig überstehen lassen.

Auf ein mit Backpapier belegtes Blech setzen und bei 200 °C im vorgeheizten Ofen auf der mittleren Einschubleiste etwa 20 Minuten backen. Herausnehmen, die Gebäckrollen auf ein Kuchengitter legen und abkühlen lassen.

Gelee in einem Topf erwärmen, bis es dickflüssig ist und in einen Spritzbeutel aus Pergamentpapier füllen. In jede Rille des Gebäcks einen Streifen Gelee einfüllen und fest werden lassen.

Die Gebäckrollen jeweils in der Mitte zwischen den Geleestreifen durchschneiden, auf diese Weise erhält man die kleinen Schnitten. Erst kurz vor dem Servieren leicht mit Puderzucker bestauben.

Orangen-Haselnuss-Gebäck

Diese knusprigen Taler, die auf der Unterseite mit dunkler Kuvertüre überzogen werden, stehen den berühmten Florentinern in nichts nach. Besonders aromatisch und frisch schmecken sie durch Orangeat und die geriebene Orangenschale, die das Nussaroma aufs Beste ergänzen.

180 g fein gehackte Haselnüsse
125 g Puderzucker
40 g feingehacktes Orangeat
abgeriebene Schale von 1/2 unbehandelten Orange
3 Eiweiße (100 g)
30 g Mehl
Außerdem:
Backpapier
250 g bittere Kuvertüre

Alle Zutaten miteinander vermengen und zu einem glatten Teig rühren. Ein Blech mit Backpapier auslegen. Von der Teigmasse mit einem Teelöffel kleine Häufchen abstechen, auf das Blech setzen und mit einer Gabel flach drücken. Bei 175 °C im vorgeheizten Ofen etwa 10 Minuten backen.

Herausnehmen und abkühlen lassen. Die Unterseite der Plätzchen mit temperierter Kuvertüre bestreichen und auf einem Kuchengitter abtropfen lassen.

Für eine besonders dekorative »Schokoladenseite« der Orangen-Haselnuss-Kekse vor dem Erstarren der Kuvertüre mit einem Garnierkamm Wellen ziehen.

Hier bestehen die Mini-Törtchen aus zarten Biskuitschalen, die mit Vanille-Buttercreme gefüllt werden.

Petits fours

Glasiert werden diese kleinen, feinen Törtchen mit Fondant, einer besonders zarten Zuckerglasur. Sie ist recht aufwendig in der Herstellung, so dass sich das Selbermachen kaum lohnt. Am besten, man fragt seinen Bäcker oder Konditor danach.

Für 20 bis 25 Stück
Für die Biskuitmasse:
6 Eiweiße, 70 g Zucker
60 g Speisestärke, 5 Eigelbe
abgeriebene Schale von 1/2 unbehandelten Zitrone, 1 Messerspitze Salz, 60 g Mehl

Die Speisestärke über den Eischnee in die Schüssel sieben und beides mit einem Holzspatel sehr vorsichtig vermengen.

Eigelbe und restlichen Zucker cremig rühren, Zitronenschale und Salz zufügen. Unter den Eischnee ziehen.

Das Mehl darübersieben und mit einem Holzspatel unterziehen, bis eine standfester Biskuitmasse entsteht, die nicht zerläuft.

Biskuitmasse in einem Spritzbeutel mit Lochtülle füllen und Halbkugeln auf das mit Backpapier ausgelegte Blech spritzen.

Klassisch dekoriert – hier mit Blüten oder Spiralen aus Zuckerguss, kandierten Veilchen und goldenen Zuckerperlen – sind die Petits fours eine süße Verführung.

Für die Vanille-Buttercreme:
300 g Butter, Mark von 1/2 Vanilleschote
2 Eier, 3 Eigelbe180 g Zucker
Außerdem:
Backpapier, 200 g Aprikosenkonfitüre
2 cl Rum, 400 g Fondant, Papierkapseln
Zuckerguss, kandierte Veilchen und Zuckerperlen nach Belieben

Für den Biskuit die Eiweiße zu steifem Schnee schlagen, 2/3 des Zuckers langsam einrieseln lassen und weiterschlagen, bis ein schnittfester Eischnee entstanden ist. Weiterverfahren, wie in der Bildfolge gezeigt.

Die Biskuit-Halbkugeln bei 190 °C im vorgeheizten Ofen in 10 bis 12 Minuten hellbraun backen, dabei die Ofentür einen Spalt offen lassen – dazu einen hölzernen Kochlöffel in die Ofentür klemmen –, damit der Dampf abziehen kann. Die fertig gebackenen Biskuit-Halbkugeln auf der flachen Seite etwas aushöhlen. Die Hälfte der Schalen auf der Unterseite gerade schneiden, damit die Petits fours besser stehen.

Für die Füllung die Butter mit dem Vanillemark schaumig rühren. Die Eier, die Eigelbe und den Zucker auf dem Wasserbad weißschaumig schlagen. Vom Herd nehmen und kalt schlagen. Die Eiermasse portionsweise unter die Butter rühren. Je 2 ausgehöhlte Biskuitschalen mit der Creme füllen – mit einem Spritzbeutel geht es besten – und zusammensetzen. Die Creme im Kühlschrank fest werden lassen.

Zum Glasieren die Aprikosenkonfitüre erwärmen und durch ein Sieb streichen. Die Petits fours damit bestreichen und bis zur Unterseite in den mit Rum aromatisierten Fondant tauchen. Auf einem Gitter ablaufen und trocknen lassen. Nach Belieben dekorieren und in Papierkapseln servieren.

Baisers mit zart schmelzender Füllung: Zweierlei Varianten des beliebten Naschwerks.

Luftige Schäumchen

Ob man nun Baiser, Meringe oder Schäumchen sagt – gemeint ist immer dasselbe, nämlich mit Zucker aufgeschlagener Eischnee, der nicht gebacken, sondern möglichst über Nacht getrocknet wird, denn die Masse – sofern sie nicht gefärbt ist – soll schön weiß bleiben und nicht bräunen. Aus solchen Baisers lassen sich, in Kombination mit weiteren Zutaten, phantasievolle kleine Süßigkeiten herstellen. Gut passt ein herber Kontrast, beispielsweise dunkle Kuvertüre oder eine Mokkacreme, wie sie in den folgenden Rezepten vorgeschlagen werden.

Das Spiel mit dem Kontrast: Die schwarz-weißen Rum-Canache-Zungen sind von edler, schlichter Schönheit.

Grundrezept Baisermasse

5 Eiweiße, 200 g Puderzucker
1 Messerspitze Salz
Außerdem:
Backpapier

Eiweiße, Zucker und Salz auf einem warmen Wasserbad zu steifem Schnee schlagen. Bei einer Temperatur von 40 bis 50 °C vom Wasserbad nehmen und langsam kalt schlagen.

Zwei Bleche mit Backpapier auslegen. Die Baisermasse in einen Spritzbeutel mit Loch- oder Sterntülle füllen und die Masse in beliebigen Formen auf das Papier spritzen. Bei 55 °C im vorgeheizten Ofen über Nacht trocknen, dabei die Tür einen Spalt offen lassen, damit die Feuchtigkeit entweichen kann.

Rum-Canache-Zungen

1 Grundrezept Baisermasse
Für die Rum-Canache-Creme:
200 g Milch-Kuvertüre, 100 ml Sahne
20 g Glucosesirup, 4 cl brauner Rum
Außerdem:
dunkle Kuvertüre zum Eintauchen

Baisermasse nach dem Grundrezept zubereiten und in einen Spritzbeutel mit Lochtülle füllen. Die Baisermasse zungenförmig aufspritzen und über Nacht trocknen lassen.

Für die Creme die Kuvertüre auf einem Wasserbad schmelzen. Die Sahne mit dem Glucosesirup aufkochen und unter die flüssige Kuvertüre ziehen. Den Rum zufügen und die Creme schaumig rühren. Die Creme in einen Spritzbeutel mit Lochtülle füllen. Auf die Hälfte der Zungen je einen Streifen Creme aufspritzen. Die übrigen Zungen daraufsetzen und die Füllung erstarren lassen. Kuvertüre im Wasserbad schmelzen, die Zungen schräg eintauchen und auf Backpapier absetzen.

Mokkabohnen

Ein bißchen Cognac, ein bißchen Kaffee – die raffinierten Mokkabohnen passen perfekt zum Espresso. Die sahnige Cremefüllung rundet den Genuss ab.

1 Grundrezept Baisermasse
1 cl Cognac
2 TL lösliches Kaffeepulver
Für die Mokkacreme:
160 g Kuvertüre
120 ml Sahne
30 g Glucosesirup
2 EL lösliches Kaffeepulver
2 cl Cognac
Außerdem:
Milch-Kuvertüre zum Eintauchen

Baisermasse nach Grundrezept zubereiten und das in Cognac aufgelöste Kaffeepulver unterrühren. Die Masse in einen Spritzbeutel mit Lochtülle füllen und nierenförmige Bohnen aufspritzen. Diese über Nacht im Ofen trocknen lassen, wie beschrieben.

Für die Creme die Kuvertüre fein hacken. Die Sahne mit dem Glukosesirup aufkochen. Das Kaffeepulver einrühren und die Kuvertüre darin schmelzen. Die Creme mit dem Mixstab verrühren und abkühlen lassen. Mit dem Cognac schaumig rühren.

Die Creme mit Lochtülle auf die Hälfte der Bohnen spritzen und die restlichen Bohnen aufsetzen. Die Milch-Kuverture im Wasserbad schmelzen und die Mokkabohnen zur Hälfte eintauchen. Auf Backpapier absetzen und trocknen lassen.

Kaffeebraun gefärbt, delikat gefüllt und mit glänzender Kuvertüre überzogen sind die luftigen kleinen Mokkabohnen.

Esskastanien, man nennt sie auch Maronen oder Maroni, sind die Basis für die feine Füllung der Törtchen.

Petits fours mit Canache

Besonders attraktiv lassen sich die fein gefüllten Petits fours servieren, wenn man die eine Hälfte des Teiges für die Mini-Tarteletts hell belässt, die andere aber mit Kakao dunkel einfärbt.

Für etwa 30 Stück
Für den Mürbteig:
150 g Butter
75 g Puderzucker
1 Messerspitze Salz
Mark von 1/2 Vanilleschote
200 g Mehl
20 g sehr dunkles Kakaopulver
Für die Canachecreme:
200 ml Sahne
300 g bittere Kuvertüre
Für das Maronenpüree:
250 g Maronen
1 Messerspitze Salz
50 ml Milch
Mark von 1/2 Vanilleschote
175 ml Sahne

Aus Maronenpüree lassen sich nicht nur Desserts wie die berühmten Schweizer »Vermicelles« oder Kastanienparfait herstellen, es eignet sich – in Kombination mit Canache – auch für feine Petits fours.

60 g Zucker
1 cl brauner Rum
Außerdem:
kleine Tortelett-Förmchen (4 cm Durchmesser)
15 Belegkirschen zum Dekorieren

Für den Teig die Butter mit dem Puderzucker, dem Salz und dem Vanillemark mit einem Löffel auf einer Arbeitsfläche cremig verreiben. Das Mehl darübersieben und alles rasch zusammenkneten. Sobald das Mehl fast eingearbeitet ist, den Teig halbieren.

Eine Hälfte kurz weiterkneten, bis ein glatter Teig entstanden ist. Den Kakao über die zweite Hälfte sieben und schnell einkneten. Aus beiden Teigen Kugeln formen, jeweils in Folie wickeln und 1 bis 2 Stunden im Kühlschrank ruhen lassen.

Beide Teigkugeln auf einer bemehlten Arbeitsfläche 3 bis 4 mm dick ausrollen. Teigkreise in Förmchengröße ausschneiden und die Förmchen damit auskleiden und die Torteletts bei 200 °C im vorgeheizten Ofen 10 bis 15 Minuten auf der untersten Schiene backen. Die gebackenen Torteletts vorsichtig aus den Förmchen lösen und auskühlen lassen.

Für die Canache die Sahne aufkochen. Die fein geriebene oder geschmolzene Kuvertüre einrühren und mit dem Mixstab homogenisieren. Die Canache abkühlen lassen, bis sie spritzfähig ist. Die Canache in einen Spritzbeutel mit Lochtülle Nr. 5 füllen und weiterverfahren, wie im ersten Bild unten gezeigt. Kühl stellen.

Für das Maronenpüree die Esskastanien einschneiden und bei 220 °C im vorgeheizten Ofen10 Minuten rösten, bis die Schale aufspringt. Solange sie noch warm sind, die braune Schale sowie die dünne Innenhaut sorgfältig entfernen. Zusammen mit dem Salz in eine Kasserolle geben und so viel Wasser zugießen, dass die Esskastanien gerade damit bedeckt sind und diese in 45 bis 50 Minuten weich kochen. Abgießen, zerdrücken und das Maronenpüree durch ein feines Sieb streichen. Die Milch mit dem Vanillemark aufkochen, das Maronenpüree einrühren und alles bei starker Hitze unter ständigem Rühren zu einem dicken Mus einkochen. 50 ml Sahne und 40 g Zucker zugeben und nochmals aufkochen. Vom Herd nehmen und erkalten lassen.

Die restliche Sahne mit dem restlichen Zucker steif schlagen, den Rum zugießen und unter das kalte Maronenpüree ziehen. Dieses in einen Spritzbeutel mit Sterntülle Nr. 7 füllen und weiterverfahren, wie im zweiten Bild links gezeigt. Die Belegkirschen halbieren und in die Mitte der Rosetten setzen.

Im Süden der Alpen, hier im sonnigen Bergell, gedeihen die Esskastanien prächtig. Kein Wunder, dass man dort so viele ausgezeichnete Rezepte für Maroni kennt.

Gleichmäßig große Tupfen Canache-Creme in die vorgebackenen Tortelettes spritzen.

Das Maronenpüree mit dem Spritzbeutel rosettenförmig auf die Canache spritzen.

A
Aal, gebacken 96
Angels on Horseback 91
Antipasti 16, 17
Ausbackteig 80, 81
Austern gratiniert 120
Austern im Speckmantel 91
Austernspieße 90

B
Baisermasse, Grundrezept 155
Bananenbällchen 128
Bananenchips 128
Bechamelsauce 111
Bierstangen 15
Biskuitmasse 147, 148, 152
Bitki vom Huhn 112
Blätterteig-Fleischtäschchen 76
Blätterteigschnitten, gefüllt 27
Blätterteigschnitten mit Käsefüllung 43
Bohnenhäppchen, frittiert 119
Borretschblätter, frittiert 81
Brandteig 38, 136, 140
Brandteigringe,
mit Käsecreme gefüllt 38
Bunte Crackermischung 28

C
Canache-Glasur 149
Canachecreme 157
Canapés 35
Cashewkerne, süß-scharf 10
Champignoncreme, Cracker mit 28
Chilisauce 72, 116
Chips 10
Cracker mit Champignoncreme 28
Cracker mit zweierlei Käse 45
Crackermischung, bunte 28
Cremekrapfen 136
Crostini mit Geflügelleber 46
Crostini mit Paprika und Tunfisch 46

D
Dänisches Smørrebrød 30
Dashi-Brühe 61

E
Empanadas mit Garnelen 78
Erdbeer-Quark-Würfel 147
Erdbeersauce 134
Erdnuss-Sauce zu Saté 95

F
Falafel 118
Feigen, gefüllt 33
Feuilletés 27
Filoförmchen mit Rührei 124
Filos mit Crabmeat 54
Filos mit Forelle
und Meerrettichsahne 57
Filos mit Garnelenfüllung 55
Fleischklößchen
mit Paprikasauce 115
Fleischtäschchen, Blätterteig- 76
Forelle und Meerrettichsahne,
Filos mit 57
Frischkäsebällchen 36
Frischkäsecreme 27, 29, 43, 45
Frischkäsefüllung 36
Frittelle di borragine 81
Frittierte Bohnenhäppchen 119
Frittierte Borretschblätter 81
Frittierte Käsetaschen 68
Frittierte Salbeiblätter 80

G
Garnelen
auf Zitronengras-Spießen 65
Garnelen, Empanadas mit 78
Garnelen, gefüllt, im Teig 70
Garnelen, Nigiri-Sushi mit 59
Garnelen-Pastetchen 64
Garnelenfüllung, Filos mit 55
Garnituren 7
Gazellenhörner 142
Gebackener Aal 96
Gebackener Käse 108
Geflügelkroketten 111
Geflügel-Saté 94
Gefüllte Feigen 33
Gefüllte Garnelen im Teig 70
Gefüllte Mini-Croissants 53
Gefüllte Pumpernickel 44
Gefüllte Tomaten 45
Gefülltes Käsegebäck 40
Gegrillte Wachteln
und Saté vom Hirsch 95
Gegrilltes Kalbsherz 98
Gemüsechips 10
Gorgonzolafüllung 40
Grissini mit Schinken 15
Grüne eingelegte Oliven 16
Grundrezept Baisermasse 155

H
Hackfleischbällchen 102, 103, 115
Hähnchenspieße, gegrillt 92
Hefeteig 19, 74, 83, 84
Hefeteigkrapfen 134
Heiße Sandwiches
mit Jakobsmuscheln 122
Hirsch, Saté vom,
und gegrillte Wachteln 95
Hühnerfleischbällchen 111, 112
Huhn, Bitki vom 113
Huhn in Teig gebacken 88

I, J
Involtini di vitello 101
Jacobsmuscheln,
heiße Sandwiches mit 122
Johannisbeersauce 109

K
Käse, gebacken 108
Käse, Petits fours mit 36
Käse, zweierlei,
und Cracker 45
Käse-Leber-Spießchen 8
Käse-Tomaten-Spießchen 8
Käsecreme,
gefüllte Brandteigringe mit 38
Käsefüllung 36
Käsefüllung,
Blätterteigschnitten mit 43
Käsegebäck, gefüllt 40
Käsemürbteig 40
Käseröllchen, knusprige 87
Käseschweinsöhrchen 20
Käsestangen 18
Käsetaschen, frittiert 68
Käseteilchen 86
Käsewürfel
mit Johannisbeersauce 109
Kalbsfilet-Röllchen 101
Kalbsherz, gegrillt 98
Kartoffelchips 11
Keftédes 115
Kichererbsenbällchen 118
Kleine Kümmelkuchen 24
Knoblauchsauce 100
Knusprige Käseröllchen 87
Knusprige süß-scharfe
Cashewkerne 10
Kokosröllchen 139
Kräuterfüllung 38
Kräuterquark 29
Kümmelkuchen, kleine 24

L
Lachshäppchen 35
Lachstatar 49
Lammbällchen, paniert 127
Lammkoteletts mit Salsa 126
Lebercreme 27, 45
Leberspieße
mit Knoblauchsauce 100

M
Maiswürfel aufgespießt 106
Maki-Sushi mit wildem Reis
und Tofu 60
Makronenschnitten 150
Mandel-Sauerkirsch-Schnitten 146
Mandelsoufflémasse 149
Maracujasauce 139
Maracujawürfel 145
Maronenpüree 156
Marzipankartoffeln 148
Matjestatar 48
Meeresfrüchtespießchen 104
Meerrettichfüllung 38
Meerrettichsahne 27
Meerrettichsahne und Forelle,
Filos mit 57
Miesmuscheln mit Paprika 125
Mini-Croissants, gefüllt 53
Minipasteten 26
Minipizzen 84
Mit Frischkäse
gefülltes Gemüse 42
Mit Käsecreme gefüllte
Brandteigringe 38
Mohnringe 138
Mohrenköpfe 149
Mokkabohnen 155
Mokkacreme 155
Mozzarellaspieße 33
Mürbteig 35, 36, 57, 145, 157

N
Nigiri-Sushi mit Garnelen 59
Nigiri-Sushi mit Tunfisch 58
Nüsse, pikant 10

O
Oliven, eingelegt 16
Orangen-Haselnuss-Gebäck 151

P
Panierte Lammbällchen 127
Paprika, Miesmuscheln mit 125
Paprika-Dip 131
Paprika-Tunfisch-Crostini 46
Paprikasauce 81, 102, 115
Petits fours 152
Petits fours
mit Canachecreme 156
Petits fours mit Käse 36
Pikante Nüsse 10
Piroggen mit Wildfüllung 74
Piroschki 83
Pork Patties 102, 103
Prawn rolls 72
Profiteroles 140
Pumpernickel, gefüllt 44

Q
Quark-Erdbeer-Würfel 147
Quarkblätterteig 64

R
Roquefortcreme 27
Roquefortplätzchen 19
Rote-Bete-Chips 11
Rührei, Filos mit 124
Rum-Canache-Creme 155
Rum-Canache-Zungen 155

S
Sahne-Dip 91
Sahnesauce 74
Salami, Schweinsöhrchen mit 21
Salami-Käsekrapfen 22
Salamihäppchen 52
Salbeiblätter, frittiert 80
Salsa 126
Salsa Mexicana 78
Salzmandeln 10
Samosas 66
Sandwiches, heiße,
mit Jacobsmuscheln 122
Saté vom Hirsch
und gegrillte Wachteln 95
Sauce Mornay 121
Sauce Tartare 96
Sauerkirsch-Mandel-Schnitten 146
Schafkäse mit Kräutern
auf Tomaten 50
Scharfe süß-saure Sauce 89
Schinken, Grissini mit 15
Schwarze eingelegte Oliven 16
Schwarzwurzelchips 11
Schweinefleischigel 116
Schweinsöhrchen
mit Salami 21
Seeteufel mit Sesam 97
Shichimi-Gewürz-Mischung 92
Smørrebrød, dänisches 30
Smoutebollen 134
Spritzkuchen 137
Süßkartoffelchips 10
Sushi-Reis 58

T
Tapenade auf Baguette 51
Teigtäschchen mit Garnelen 72, 78
Teigtäschchen mit Lachsfüllung 83
Teigtäschchen mit Lammfüllung 66
Teigtäschchen mit Wildfüllung 74
Tofu, Maki-Sushi
mit wildem Reis und 60
Tofu-Cakes 131
Tomaten, gefüllt 45
Tomaten-Raita 66
Tomatensauce 78, 84, 107, 126
Topinamburchips 10
Torteletts mit Gemüse gefüllt 57
Tulumba tatlısı 137
Tunfisch, Nigiri-Sushi mit 58
Tunfisch-Paprika-Crostini 46

V
Vanille-Buttercreme 152
Vanillecreme 140
Vorbereiten und Servieren 7

W, Y
Wachteln, gegrillt,
und Saté vom Hirsch 95
Wilder Reis und Tofu,
Maki-Sushi mit 60
Wildfüllung, Piroggen mit 74
Yakitori 92, 111

Z
Zitronengras-Spieße,
Garnelen auf 65
Zubehör 6, 7
Zucchinichips 10

Impressum

© 2001 Gräfe und Unzer Verlag GmbH, München
Genehmigte Lizenzausgabe für den Tosa Verlag, Wien 2004

Administration: Claudia Hill, Andrea Mohr
Kochstudio: Barbara Mayr (Rezeptentwicklung), Eftichia Simopoulou
Fotografie: Christian Teubner, Odette Teubner, Andreas Nimptsch
Redaktion: Dr. Alexandra Cappel, Katrin Wittmann, Dr. Ute Paul-Prößler, Katrin Himmel-Heimisch, Mischa Gallé
Layout/DTP: Christian Teubner, Annegret Rösler, Gabriele Wahl
Herstellung: Annegret Rösler, Gabriele Wahl
Produktion: Ute Hausleiter
Reproduktion: Repromayer GmbH & Co. KG, Reutlingen
Umschlaggestaltung: Beate Dorfinger
Druck: Neografia, Slowakei
Bindung: Neografia, Slowakei

www.tosa-verlag.com